基于职业能力培养的高职公共英语教学改革研究

赵 敏 著

东北大学出版社
·沈 阳·

图书在版编目（CIP）数据

基于职业能力培养的高职公共英语教学改革研究 / 赵敏著. -- 沈阳 ：东北大学出版社，2024. 9. -- ISBN 978-7-5517-3673-2

Ⅰ. H319.3

中国国家版本馆CIP数据核字第2024T76T86号

出 版 者：东北大学出版社
地址：沈阳市和平区文化路三号巷11号
邮编：110819
电话：024-83683655（总编室）
024-83687331（营销部）
网址：http://press.neu.edu.cn
印 刷 者：辽宁一诺广告印务有限公司
发 行 者：东北大学出版社
幅面尺寸：170 mm × 240 mm
印　　张：12
字　　数：194千字
出版时间：2024年9月第1版
印刷时间：2024年9月第1次印刷
策划编辑：周文婷
责任编辑：郎　坤
责任校对：周文婷
封面设计：潘正一
责任出版：初　茗

ISBN 978-7-5517-3673-2　　定价：60.00元

前　言

随着我国经济的不断发展，职业人才的重要性愈加凸显，国家相继发布了一系列的政策推动职业教育的改革和发展。2019年发布的《国家职业教育改革实施方案》指出，“职业教育与普通教育是两种不同的教育类型、具有同等重要的地位”，从国家的角度明确了职业教育与普通教育均为教育体系中的独立分支，且具有同等价值。为了使职业教育的独特性质更为突出，与普通教育在人才培养类型上进行显著区分，有必要对职业院校的课程体系、教学方式等进行相应的改革，以强化学生职业素养和职业能力为目标的公共英语课程是职业院校课程的重要组成部分，自然包含在课程改革之中。

高职英语课程，作为高职教育的核心公共课程，其任务在于有效地支持高职教育的培养目标，助力学生顺利就业，充分满足培养复合型人才的要求，为学生的终身学习和职业发展打下坚实基础。因此，对于高职英语的教学研究者和实践者来说，亟待解决的关键问题是：如何优化课程设计，以充分释放基础课程的潜力。目前，高职院校的公用英语教学仍普遍过于侧重传授理论性的知识，而忽视了对学生实际职业能力，特别是职业素养的培养，这与国家职业教育“培养具有从事本专业实际工作的职业素质和综合能力的高级技术应用型人才”的目标相去甚远。

随着全球化进程的推进，各行各业对有较强英语能力员工的需求日益增加。当下，高职院校的公共英语教学面临着如何有效提升学生的英语语言应用能力，以使其符合职场实际需求的重大挑战。尽管高职英语改革已历经十余载并取得了一定成效，但诸如教育目标模糊、教学质量不高、教学内容与岗位需求脱节以及评价机制不健全等问题依然存在，这些问题阻碍了高职公共英语教学的健康发展。因此，深化高职公共英语课程改革，培养具备技术知识和良好素质的复合型人才，显得尤为迫切。

在详尽的文献调研与高职教育实践经验的双重支撑下，著者深入探讨了职业能力和我国社会经济与高等职业教育人才需求的关系。从教学理念、教学模式、教学策略、课程框架及师资配备等多个维度出发，细致地展开分析，揭示高职公共英语教学应以培育职业能力为导向，与各专业领域紧密结合，并且需借助先进的教学手段强化师资队伍的建设，同时建立多元化的英语能力评价体系，只有如此，才能全面展现高职公共英语教学的独特性，发挥其潜在价值，构建一套科学、合理、创新且具有实践指导意义的高职英语教学理论，对高职公共英语的教学提供建设性指导，为公共英语教学改革提供有力的参考和启示。

全书共分为六章。第一章为高职公共英语教学与职业能力培养的理论基础，介绍了职业能力培养的内涵、高职院校公共英语教学改革的政策及理论依据以及高职公共英语教学改革的历程及特点等，主要是对基于职业能力培养的高职公用英语改革相关基础性知识进行介绍，为后续论述打好坚实的基础。第二章为基于职业能力培养的高职公共英语教学内容，对高职公共英语教学理念与课程建设、与职业结合的教学内容的编排、利用现代教学技术开展多模态教学，建设和利用慕课教学资源等教学相关内容进行了详细的论述。第三章为适合职业能力培养的高职公共英语教学方法与策略，对任务教学法、情境教学法、项目教学法、合作学习和自主学习策略及其他一些教学方法等在高职公共英语中的应用策略进行了详细的论述。第四章为基于职业能力培养的高职公共英语知识与技能教学，对词汇与语法、听力与口语、阅读与写作以及翻译教学与跨文化传播等，进行了详细的分析和论述。第五章为基于职业能力培养的高职公共英语“岗课赛证”实践应用，从“岗课赛证”一体化、课岗融通、课赛融通及课证融通等方面，对“岗课赛证”的实践应用进行了详细的论述。第六章为基于职业能力培养的高职公共英语教学评价及师资改革策略，此章内容分为师资改革和教学评价改革两大部分，第一部分对高职公共英语“双师型”教师队伍建设策略及高职公共英语教师专业发展的途径与方法进行论述；第二部分从两个角度对高职公共英语评价模式的改革进行详细的论述。

著者结合自身的经验，有针对性地提出了基于职业能力培养的高职公共英语教学改革方法及策略。全书思路清晰，内容全面，不仅适合该专业的教师和学生作为参考资料进行阅读，而且适合对此方面有兴趣的普通读者。

由于著者经验有限，且无法翻阅所有相关资料，如书中存在不足之处，欢迎广大读者指正，在此表示感谢。

著　者

2024年6月

目　录

第一章

高职公共英语教学与职业能力培养的理论基础

一、职业能力培养的内涵

（一）能力

“能力”一词，作为一个概述性的概念，其语义具有显著的延展性。对“能力”的研究起源于心理学，并逐步延伸至管理学、社会学等多个学科领域。随着延伸的研究领域不断增多，对“能力”一词进行分析时，所涉及的学科范围也越来越广泛。如心理学界将其定义为人在特定情境下表现出的不同的行为；而在教育学的视角下，能力被理解为能够用知识、技能与理解完成一系列与作业相关的活动。我国对能力本位教育的诠释则强调，能力是依据标准，有效执行特定职业任务的知识、技能和态度的集合，它体现在可观察和量化的工作行为中。英国的教育家则主张能力不仅包含职业活动中的知识、态度和技能，而且包括在具体情境中展现出的洞察力和判断力。

上述这些定义揭示了能力与职业实践的紧密联系，同时反映出能力内涵的持续深化。著者综合以上界定，采取综合性的视角，将能力定义为，人在工作环境中表现出来的知识、技能和态度的有机融合。

（二）职业能力

“职业能力”一词包含了“职业”和“能力”两个部分。在学术界中，对“能力”一词所做的研究较多，且达成了一定的共识，但迄今为止，学术界对“职业能力”的界定还没有达成统一。

在学术界中，国内外的众多专家学者对“职业能力”从不同的维度进行了分析和界定。但总结来看，“职业能力”的概念包含了狭义和广义两个层面：狭义的职业能力指在某种岗位的工作能力，而广义的职业能力指某类职业或岗位群的共同基础能力。[①]针对本书的研究方向，著者选择从过程来分析“职业能力”的概念，认为职业能力是在完成某一任务应具有的知识、技能和态度的基础之上，通过整合而形成的、可迁移的综合能力。

就企业而言，职业能力是员工发展的关键，职业能力越强，工作效率越高，就越能为企业创造更大的价值。而在学校教育方面，著者认为，职业能力指在课堂教学模拟的职业情境中，学生通过对所获得的知识、技能及情感态度的类推转移，而具备的胜任某一工作的能力[②]。职业英语能力由行业能力、英语能力、社交能力组成，而每种能力，又可细分为两个模块，即通用模块和职业模块，具体如图1-1所示。

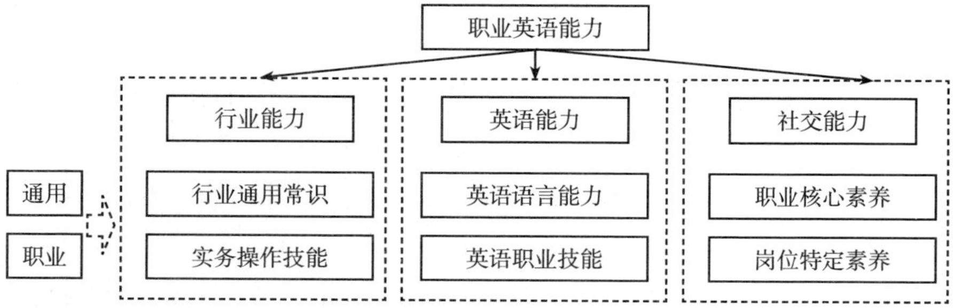

图1-1　职业英语能力

（三）高职英语职业能力培养体系应涵盖的内容

高职英语职业能力培养体系应围绕两大核心展开：英语通用能力与职业能力。对于企业来说，在对高职英语专业的学生进行招聘时，首要考虑的是他们的英语通用能力，若学生同时兼具出色的职业能力，则更具竞争优势。而高职院校主要的人才输送对象就是各类企业，因此，企业对学生的英语职业能力的要求就成为各高职院校重要的人才培养目标。所以，高

① 严雪怡. 教育分类、能力本位与广义的职业能力培养：纪念孟广平同志逝世两周年［J］. 职业技术教育，2007，28（7）：11-13.

② 韩紫薇. 基于职业能力培养的高职公共英语教学改革研究［D］. 海口：海南师范大学，2022.

职公共英语教学应重视英语职业能力在求职中的关键作用，在教学中将学生的语言基础打稳固，确保高职学生深入学习专业知识，在听、说、读、写、翻译各方面得到提高，成为适合不同产业、不同职业的人才。

高等职业教育所培养出来的人才，既要具有良好的职业道德，又要具有良好的专业素质，且要有良好的品德修养，以及较强的应用能力、创造能力。此外，高等职业教育所要培养的学生，必须具备扎实的英语功底，熟练运用其所处行业所需的独特的英语语言及交际技巧，且具有一定的英语写作技巧，能够标准、有效地进行各种行业有关的文书工作。

就英语的专业性而言，高职学生不仅要具备行业英语的基本知识，而且要熟悉行业英语的实际运用过程，并形成较强的实际运用能力，显示出较强的应用能力与创造力。在理论知识的指导下，他们应该能够充分发挥个人优势，创造性地将所学应用于实际工作场景。

（四）加强高职英语职业能力培养的必要性

1. 我国高等职业教育的本质目标是提高学生的英语职业能力

高等职业教育与专业知识教育的核心差异体现在它们的教育目标和培养计划上：前者侧重于实践技术和应用型人才培养，而后者则致力于理论研究，培养具有综合研究能力的学者。高等职业教育的教育宗旨鲜明地体现在提升学生的综合职业能力上，这一特性使其在众多教育类型中独具特色。我国的高等职业教育明确地将培养学生的职业能力作为核心任务，这正是它与普通高等教育的本质区别，同时是高等职业教育的改革目标。

2. 加强高职英语职业能力培养是我国高职教育改革的中心指导思想

教育部颁布《关于全面提高高等职业教育教学质量的若干意见》明确强调，要深化高职教育的教学内容改革，发展受教育者的综合职业能力，提倡工作岗位和学习内容相协调，注重学生实践能力的提升①，目的在于构建有针对性的教学体系，全面提升职业教育的教学水平。在高等职业院校中，校方和学生通常都更重视专业课程的教育和学习，作为公共科目的公共英语，对其重视度通常不如专业课程。而在全球化进程不断加快的时代背景下，英语在各行业中的作用不断凸显，因此，高职院校应着力转变

① 胡琼. 职业能力培养视角下高职英语教学改革［J］. 河北职业教育，2019，3（1）：85-88.

思想，提高对公共英语学科的重视程度，通过相关改革全力促进其发展，提高提升学生的职业能力和素质、助力学生全面素质的提升、提高其求职的竞争力。

二、高职院校公共英语教学改革的政策及理论依据

（一）高职院校公共英语教学改革的政策依据

1. 国家职业教育政策法规

在我国大力发展职业教育，发布相关政策进行职业教育改革之前，职业教育的社会地位一直不高，社会普遍视职业教育为无奈的选择，这也成为职业教育改革难、不能完全适应经济社会发展需求等现实困境的重要成因。并且，以往的职业教育改革并没有厘清我国职业教育的特性，往往参照普通教育模式或借鉴国外职业院校经验开展，并不能够彰显职业教育的职业特点，使其与普通教育混淆，导致其社会地位一直得不到提升，严重影响其社会影响力。面对职业教育的此种困境，国家发布了一系列职业教育政策法规，明确了职业教育的定位，明确了其是一种与普通教育同等重要教育类型[①]，明确了其人才培养的类型，使其社会地位不断提升。

2019年《国家职业教育改革实施方案》开篇第一句话就指出，“职业教育与普通教育是两种不同教育类型，具有同等重要地位”，而且“职业教育要由参照普通教育办学模式向企业社会参与、专业特色鲜明的类型教育转变”，从国家政策的高度确定了中国职业教育的类型定位与身份，形成了职业教育类型化改革的行动纲领。新时代高职院校教育教学的研究必须基于高职教育类型的属性特征之上[②]。

2020年教育部印发的《职业教育提质培优行动计划（2020—2023年）》，再次申明了“坚持职业教育与普通教育不同类型、同等重要的战

① 陈子季. 优化类型定位加快构建现代职业教育体系［J］. 中国职业技术教育，2021（12）：5-11.

② 高葵芬. 新时代高职院校教育科学研究转型发展思考：基于类型教育特征的分析［J］. 中国职业技术教育，2020（27）：67-73.

略定位”，强调了两种教育类型地位相同、功能不同却同样重要，对摆正职业教育的地位具有重要的发展战略意义和实践意义。

2021年《中华人民共和国职业教育法（修订草案）》明确将“职业教育是一种类型教育”纳入了法律。这是我国职业教育理念的一次深刻变革，是党和国家把握教育发展规律、职业教育办学规律，以及人的全面发展规律作出的一个重大举措，强调了职业教育的独特作用和本质属性①。

高职院校应基于职业教育相关政策，深刻理解职业教育的类型特征，厘清各教育类型的个性差异，加快推进课程的职业化发展。

2.《高等职业教育专科英语课程标准（2021年版）》

2021年3月，教育部发布了《高等职业教育专科英语课程标准（2021年版）》（简称《新课标》）。《新课标》是一份指引高职英语教学的指导性文件，明确了公共英语是高职院校专门学科的一个重要组成部分，是每个学科必修或选修的一门公共基础课，既具有工具性，又具有人文性。

高等职业教育专科英语课程全面贯彻党的教育方针，贯彻以立德树人为中心的办学宗旨，以提高学生英语运用的水平为目标，为其将来的进一步发展奠定坚实的基础。在此基础上，学生还应该可以形成课程标准所规定的四项学科核心素养：职场涉外沟通目标、多元文化交流目标、语言思维提升目标、自主学习完善目标。

《新课标》明确提出：高等职业教育英语课程由基础模块和拓展模块两部分组成。基础模块即职场通用英语，是各专业学生必修或限定选修内容，它能够奠定英语学科的核心素养，是所有学生必须要学习的基本内容，包括主题分类、文本类型、语言知识、文化知识、职业英语技能、英语学习策略等。拓展模块指学生能够按照自己的水平和需要自主选择学习的内容。与基础模块相比，它是一种更有深度的扩展，不同专业、不同兴趣、不同水平的学生在完成前一模块学习任务后可以灵活选择。拓展模块主要包括三种类型：学业提升英语、职业提升英语、素养提升英语。在教

① 陈子季. 优化类型定位加快构建现代职业教育体系［J］. 中国职业技术教育，2021（12）：5-11.

材编写方面要求坚持立德树人，突出学科核心素养；围绕职业特色，遵循英语学习规律；优化教材编写队伍，注重编写质量。

《新课标》明确提出，要把英语的核心素养贯穿于整个教学活动之中，同时要注重职业特色，注重对学生实际运用语言能力的训练。《新课标》在教学评价中，将基础模块划分为两个层次：完成基础模块学习后应该达到在日常工作生活中以口头英语或书面英语形式完成交际任务的一般要求，以及在英语等级和英语熟练度上较一般要求更高的要求。

（二）高职院校公共英语教学改革的理论依据

1. 建构主义学习理论

19世纪末，建构主义步入成熟阶段，并与社会同步发展。心理学家皮亚杰（Piaget）以及斯滕伯格（R.J.Sternberg）等人，以建构主义理论为基础，对人的认知进行了研究，不仅深化了对建构主义理论的理解，使其进一步发展，而且充实了建构主义的内在理论体系，优化了其框架结构。最初，建构主义主要被用于研究儿童认知发展。

建构主义的教学与学习理念在深厚的理论基础上日臻完善，已被诸多国内学者广泛应用于高等职业院校的英语教学研究与实践中。在英语课堂中建构英语语言环境，建构英语的知识框架，需要英语教师从英语知识的教授者转变为英语知识自主学习的推动者。在高职院校的公共英语课中，根据建构主义理论，学生是英语学习课堂的主体，公共英语教师应该以学生为中心开展教学活动。

建构主义者对课堂学习的建构持有全面的观点，既强调学生的主体性，又重视教师的指导功能，这与传统的教学模式形成了鲜明对比。在传统的高职教育模式中，不论是公共英语课程还是专业课程，通常呈现教师单向传授、学生被动接收的状态。然而，在建构主义视角下，学生应积极主动地获取知识，教师则担任引导者的角色，双方的角色发生了根本转变。研究证明，学生的主动学习态度对其学习效果具有决定性影响，而教师的教学策略或模式的改变只能起到外在的辅助作用。建构主义旨在促使教师更新角色认知、革新教学方法、打破传统课堂模式、建构以学生为中心的新教学格局，从而激发学生的主动学习动力①。

2. 行动导向教学理论

1996年，德国各州教育部长于联合会议中颁布了首版《课程编制指导纲要》，指出在学习领域课程框架下，职业学校应采纳基于行动体系结构的行动导向教学法。自此，该教学法不仅在德国的双元制职业教育及全日制职业教育中得到广泛应用，而且其核心理念逐渐渗透至基础教育与高等教育领域。

相较于传统教学法，行动导向教学法在以下方面呈现显著差异。首先，是教育目标的转变，行动导向教学法致力于培养学生实践技能与问题解决能力，而非应对考试的能力；其次，是教学内容的革新，强调以行动为基础、跨学科的职业教育模式；再次，是教学方式的变革，学生成为教学活动的核心，强调师生间的沟通与互动，形成一个集信息收集、计划制订、实施执行等环节于一体的教学流程；最后，是评价机制的创新，传统教学依赖单一的书面考试作为评价标准，而行动导向教学的评价则更侧重于学生在学习过程中展现的综合问题解决能力。

综上所述，行动导向教学法通过其独特的教育目标、内容、方式及评价体系，为学生提供了更为全面与实用的学习体验，促进了学生在职业与社会领域的成长与发展。

3. 泰勒目标模式

1944年，美国著名的课程理论专家拉夫尔·泰勒在其所著的《课程与教学的基本原理》一书中，提出了关于课程编制的四个问题，即泰勒原理，该原理是该书的一个重要理论基础。

其一，确定教育目标。构建课程体系的首要任务是明确教育目的，这一过程需全面考量学生的初始能力、当前社会环境特征及学科权威的意见，以确立精准的教育愿景。泰勒强调，对学生状况的探究应涵盖其外在行动、“认知”层面及“情绪”反应，通过对比学生现有知识水平与预期掌握程度之间的差异，提炼出教学宗旨；同时，社会文化语境作为学校教育方针设计的基石，其重要性不容忽视。教科书与教学大纲多由专业学者

① 郭晓华. 英语应用能力测试对高职院校外语教学的反拨作用探析［J］. 吉林广播电视大学学报，2011（6）：128-129.

拟定，他们的见解能够体现课程教育的基本效用。一旦教育目标得以界定，便应从“实践表现”与“知识领域”双重视角，明确阐述教育的具体指标。例如，《新课标》提出要培养学生学习英语和应用英语的能力，因此，必须从学生的实际需要和社会需求及学科专家的建议出发来设置高职英语教学目标。

其二，获取学习经验。确立教学目标后，接下来应选择能促进知识技能习得、信息获取、社会态度塑造及学习兴趣激发的学习经验。教师需建构多元化的学习情境，让学生在与环境的互动中积累经验，以实现教学目标。通过模拟各种职业场景，学生能在真实情境中内化知识，增强跨文化理解，同时促进师生间的互动，从而实现知识的意义建构。

其三，组织教育体验。为了高效组织以上这些学习经验，泰勒提出三大原则：连续性（确保课程元素的线性呈现）、顺序性（确保后续经验建立在先前经验之上）和整合性（促进不同学习经验之间的横向联系，使学生能将行为与知识相结合），这些原则为教学计划的设计提供了深化和拓展关键课程元素的框架。

其四，评价教育计划。对于这一问题，泰勒认为，评价教育计划的核心是衡量课程与教学实践达到了何种程度。除了传统的试卷考试方式，所有能证明教育目标实现的有效证据，如问卷调查、访谈记录和行为分析等，都可作为评价工具。

依据泰勒的目标模式理论，著者将高职公共英语教学的各个构成部分分成目标设定、内容选择、教学策略及评价方法，进行系统性的剖析与设计，以此回应以下核心问题：第一，该课程以培养学生的职场能力为导向，其教学目标为何；第二，如何甄选适宜的教学内容以贴合这一目标；第三，如何通过有效的教学组织实现职业教育的目标；第四，如何对所构建的课堂教学生态进行科学的评价。

4. 就业导向职教课程发展观理论

2004年，教育部发布《关于以就业为导向深化高等职业教育改革的若干意见》，鼓励高职院校实施严格、全面且深入的改革，以满足现代职业领域的期望。就业导向的职业教育理念被视为最契合社会主义市场经济发展的教育理念，是职业教育在社会变迁时期的核心目标和原则。据学者雷正光的分析，基于就业导向的职教课程观念应以能力为核心，结合校企合作，旨在促进职校毕业生的充分就业，这是当前职业教育课程创新的根本出发点，也是构建职教课程体系的核心理念①。

该职教课程观的理论根基包含以下两方面：一是清晰定义职业教育的角色，即它是一种面向就业的教育，其鲜明的职业特性规定了它需顺应社会就业市场的需求，服务于特定职业或技术领域，培养具备高技能的实践型人才；二是坚定地在教育全过程中落实就业导向，即职业院校的管理层、教师，尤其是专业发展的领军人物，应当深入洞察市场，精确掌握市场对技能型人才在知识、技能和素质上的具体期待，突破传统的教育框架。唯有如此，才能真正实现以行业实际需求为基准，使职业院校毕业生顺利就业，这是一项既简单又复杂的任务。

就业导向的专业设置。以市场为导向的专业配置至关重要，构成了职业教育与经济社会发展的桥梁。基于就业导向的职业教育强调以市场和社区的需求为驱动，确保课程设计紧密对接市场需求，使毕业生能够顺利融入职场，实现校园与工作岗位的无缝衔接。因此，专业设置的适宜性直接影响就业的通达性和职业教育的存续与发展。

任务引领的课程开发。近年来任务驱动的课程构建逐渐崭露头角，这种方法源于专家指导和教学实践，侧重于依据具体工作任务需要的能力来设计课程。与传统教学按照学科划分课程不同，任务驱动型课程遵循技能和态度的内在逻辑构建课程内容。它始于岗位需求，可以让学生提早接触实际工作，解决理论与实践脱节的问题，为学生提供全面体验工作流程的学习环境。课程设计以工作任务为核心，涵盖相关知识、技能和态度，贯彻实用理论和强化能力的原则，强调理论与实践的深度融合，专注职业能力的培养。

学生为主的教学过程。建立就业导向的职教课程，需要创新教学策略和手段。教学理念应与时俱进，强调以学生为主体，激发他们的学习热情和动力，根据个体差异实施分层教学和个性化教学。具体教学方法包括现场教学、项目教学、案例分析、讨论式学习和强化训练。同时，改革考核方式，并运用现代教育技术，丰富在线教学资源，如教师教案、练习题、实验指导、文献目录和授课视频等，鼓励学生利用网络自主学习，共享优

① 雷正光．“就业导向”的职教课程发展观［J］．中国职业技术教育，2006（13）：9-11.

质教育资源。

多元综合的考核评价。职业教育的评价体系需全面转向就业导向。2004年，时任教育部部长的周济指出，职业教育不应一味追求学生从中职升至高职，再从高职升至本科，也不应盲目转为普通教育。他强调，中等职业教育致力于在九年义务教育后培养高素质的劳动者，而高等职业教育则在高中阶段教育基础上培育高级技能人才。各层次职业学校均应坚守这一定位，深入推动以就业为导向的教学改革，强化面向就业市场的核心竞争力。

以就业为导向的课程评价应具备多元化和客观性①。过去，职业教育的评价体系多借鉴普通教育，侧重于理论知识的考核，通常通过闭卷或开卷考试进行考核，以分数作为衡量标准。然而，这种单一的评价方式无法全面、客观地评价学生的实际能力和素质，已不符合职业教育的需求和时代发展。因此，就业导向的考核评价应体现内容、形式和表达的多样性，即多元综合的考核评价模式。考核内容应紧密围绕“能力为核心”的教育目标，主要评价专业技能和综合能力，允许学生有选择的空间，展示个性。考核方法应反映“理论知识够用、技能为主”的教学理念，通过多样化的形式、场景和标准进行设计，真实反映学生的能力和潜力。重要的是，学生应理解考核评价也是一种学习过程，其目标在于实践应用，服务于提升自我。多元综合的考核评价应结合学生的学习态度、能力和知识水平，涵盖学习过程与结果，形成一个动态、客观的评价模式。

5. 成果导向（OBE）教学理念

成果导向教学法的概念最早由美国学者斯派狄（Spady）在1981年提出，其影响力迅速扩大并被全球教育界接纳。历经约十年的发展，它在美国工程教育认证体系中占据核心位置，渗透至认证标准的各个层面。中国在2013年加入《华盛顿协议》，《华盛顿协议》提倡“学生中心、成果导向、持续改进”原则，以此理念驱动工程教育专业认证和高等教育改革进程。

成果导向教学的核心在于服务于学生的全面发展，其中“学生中心”是核心价值，“成果导向”则是教学实践的指导原则，而“持续改进”则

① 缪秋芹. 以就业为导向的高职公共英语教学改革探究［D］. 苏州：苏州大学，2011.

是确保学习成效的重要机制。这一理念倡导以成果为导向，通过持续优化来促进所有学生的成长与发展。

第一，该理念强调以需求为导向。成果导向摒弃了传统的学科导向，以需求为驱动，确保学生毕业后具备满足职业多元化需求的能力。其基本原则是从职业实际需求出发，根据各方期望设定培养目标，再据此细化毕业要求，进而构建课程体系、明确课程目标，全程遵循以学生为中心的教学理念。

第二，该理念强调能力本位。高等教育的目标是培养具备应对未来挑战所需的实用知识、技能和素质的优秀人才。因此，在设定人才培养目标时，需考虑国家、社会、学校、专业和个人发展需求，明确核心能力，并确保这些能力具有可操作性和可度量的特点，且每项能力都有对应的课程支持。

第三，该理念强调让所有学生都能成功。每个学生都能在学习上获得成功，只是实现的方式可能各不相同。为了确保所有学生都能取得成功，教育方法必须从教师主导的传统模式转变为以学生为中心的模式。成果导向理念强调的是学生的学习成果，它采用多元化的教学策略来适应个体差异，凸显了学生在教学活动中的核心角色，满足学生的个性化需求，以此保证每一个学生都能够迈向成功之路。

第四，该理念着重于对学生学业成就的评估。这涉及对学生整个大学生涯中所获得的知识、技能及个人素养进行全面评估。具体而言，评估内容关注学生是否已有效掌握了该课程所涵盖的特定知识、技能及素养，这种即时反馈称为过程性评估。而在课程结束之际，评估则会借助期末考核等手段，检验学生的学习成效，称为终结性评估，其核心在于验证课程目标的实现程度，全面审视学生对知识的理解深度、技能的掌握水平及个人素养的成长幅度。

第五，该理念注重对培养目标实现率的持续优化评估。培养目标实现率的评估旨在全面考查学生从入学到毕业后五年内，其知识、技能及个人素养的发展状况。这一评估涵盖了对过程性与终结性学习成果的综合考量，通过收集评估数据、反馈信息，制订改进措施及持续优化等步骤，形成闭环管理。其中，改进与优化被视为关键环节，它要求评估者根据评估反馈的意见与建议，精心设计应对策略，对后续阶段或下一轮培养目标实施动态调整，如此反复循环，确保培养目标的实现率得以稳步提升，最终达成评估的根本目标。

随着时代发展，在不断实践应用中，成果导向教育理念也在不断发展和演进，不断实现新的突破，具体表现为7个方面。

一是个性化学习。近年来，成果导向教育理念倡导更加个性化地学习。学校致力于满足每个学生的独特需求，依据其学术层次、兴趣及学习模式定制个性化的教育方案。科技的进步为这种变化提供了技术支撑，如学习管理系统与智能教育工具，均能够助力学生和教师有效追踪学习进度和个体需求。

二是跨学科教育。成果导向教育理念鼓励跨学科的学习方法，整合多领域的知识与技能，以提升学生的综合思考能力和解决问题能力。如今，众多课程与项目已采纳此类教学方法。

三是强调实际应用。成果导向教育理念着重于将学习与实践相结合，提倡学生在现实环境中运用所学，以增强其职业适应性。

四是可视化学习成果。借助可视化工具和技术，学生和教师能更直观地评价学习表现，从而适时优化学习策略与课程设计。

五是社会情感学习。成果导向教育理念日益重视培养学生的社会情感技能，如领导能力、团队协作能力、沟通能力和冲突解决能力等，这些能力对学生的全面发展至关重要。

六是数据驱动决策。成果导向教育理念的实施常依赖数据分析和评价，以跟踪学生的学习进展并指导教育决策。现代技术与数据分析工具使学校能更有效地收集和利用数据，以提升教育质量。

七是全球化视野。在全球化发展的世界大背景下，成果导向教育理念更加注重培养具有全球视野和文化理解的学生，鼓励他们理解和尊重不同的文化、价值观和社会背景，以适应全球化的挑战。

这些创新趋势体现了成果导向教育理念不断适应教育需求的变化，以更好地响应学生和社会的期待。它侧重于学生的学习成果和能力，助力他们在日新月异的世界中取得成功。

6. 产出导向法（POA）教育理念

（1）产出导向法的定义

1985年，克拉申（Stephen Krashen）的“输入假说”与梅里尔·斯旺

(Merrill Swain)的“输出假说”相继提出，并迅速被引入中国。数十年间，中国学者广泛而深入地研究了这两大假说并在英语教学中实践，积累了大量的实证成果。然而，文秋芳对这两种假说提出了批判性见解，指出两者皆有其局限性；因此，创新性地提出了“输出驱动假说”，这一假说可视为产出导向法理论的前驱[①]。2014年，经过对“输出驱动假说”的深化和完善，文秋芳提出了“输出驱动—输入促成假设”。这一假设在第七届中国英语教学国际会议的主题演讲中被命名为产出导向法（production-oriented approach，POA）。紧接着，在2015年，文秋芳为中高级英语学习构建了一套以产出导向法为基础的理论框架，强调通过积极参与口语和写作实践，提升学生的语言表达能力和实际应用技巧。

产出导向法理论体系涵盖了学习中心说、学用一体说和全人教育说。在教学假设上，该理论提出了输出驱动假设，强调外在目标的驱动力[②]；输入促成假设，确认了有效输入对学习的重要性；选择性学习假设，认为学生具有自我选择信息的能力。其教学流程分为三个紧密关联的阶段。第一阶段，驱动。即教师创设情境，激发学生的参与热情，使他们在实际交际中认识到自身语言运用的局限，同时提供认知挑战，激励他们探索新知并解决新问题。第二阶段，促成。即教师扮演引导者的角色，运用多元策略引导学生深入理解和思考输入信息，为他们的产出任务积累必要的素材和知识基础。第三阶段，评价。即学生在完成产出任务后，通过多元评价手段，如教师评价、协作评价和同伴互评，来检验学习成效。这种评价方式不仅能全面反映学生的学习成果，而且能进一步提升其产出能力。以上三个阶段并非相互独立，而是相互依存、互相影响的整体，教师在此过程中起着引导、设计和支撑的桥梁作用。

如图1-2所示，作为教育教学的核心指导思想，教学理念为教学流程与教学实践设定规范和导向。产出导向法的理论体系涵盖的三大学说，全面地整合了教学的各个层面，对构建教学假设和设计教学流程具有深远影响。教学流程可细致划分为驱动、促成和评价这三个相互关联的阶段。教学假设构

---

① 杜晓月. 基于“产出导向法”的初中生英语写作能力提升的行动研究［D］. 长春：长春师范大学，2020.

② 孟凡菊. 基于产出导向法的“跨文化交际”课程思政融入教学实践［J］. 广州城市职业学院学报，2023，17（1）：36-40.

成了教学流程的基础，而教学流程则是将教育理念和教学假设转化为实际行动的关键途径。在这一过程中，教师扮演着至关重要的角色，他们通过精心策划教学流程和展示学习素材激发学生的学习热情，并运用恰当的教学方法和策略进行全面的学习成果评价，以此促进学生的高效学习。

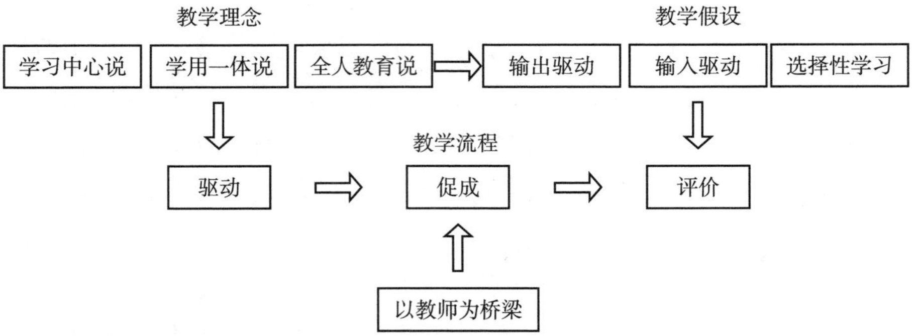

图1–2　产出导向法（POA）理论体系图

（2）产出导向法的内涵

2017年，针对我国语言教育中普遍存在的学用脱节现象，文秋芳提出了以产出为导向的教学改革方法，并对此进行了系统优化。首先，独具匠心地提出了“以评促学”的假设；其次，借助传统教育理论为“输出驱动假设”提供了坚实的理论基础；最后，将原先线性的教学模式演变为双向互动的动态过程。在这个全新的视角下，教和学被视为一个互相影响的互动过程，教师和学生通过沟通、共享和反馈，构建起紧密的交互关系，从而有效地促进知识的传授与掌握（见图1–2和图1–3）。

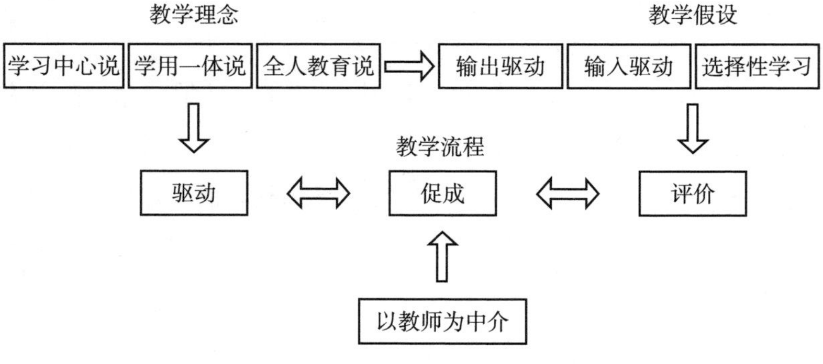

图1–3　修订的产出导向法（POA）理论体系图

产出导向法回归了英语教学的本质，其理念强调学生不仅要精通语言理论，而且应具备娴熟的语言运用技巧。在此方法引导下，学生要能高效获取信息、深入剖析问题及解决问题，且全程以英语为工具，这与英语课程标准的要求相吻合。在各级别的教学实践中，教师们都致力于达成教育目标，且不断在各个教育阶段着力提升学生的英语语言能力，以提高学习效率并扩大学习成果。

产出导向法在教学实践中占据重要地位，从本质上看，其属于一种“综合技能教学法”。传统的英语教学模式往往忽视了输入与输出的互动关系，倾向于过度关注输入环节。而产出导向法通过设计多元化的口头和书面表达任务，积极促进学生参与丰富的语言实践活动，进而提升他们的语言实际应用能力，以更高效地达成英语课堂教学目标。由于学生的英语水平各异，他们的语言需求也各不相同，因此，教师在运用产出导向法时，必须紧密结合真实的课堂情境，充分尊重并考虑学生的个体及学习能力的差异。

三、高职公共英语教学改革的历程及特点

（一）高职公共英语教学改革历程

1. 初始阶段（1949—1977年）

新中国成立之初，受到社会环境、政治环境影响，对英语教学并不重视。

1958年，英语教学开始变革，原因是学生对所用的教材不满。20世纪60年代，我国各外国语学校纷纷推出自己的英语教科书，以提升英语教学质量，让学生能够接触到纯正的英语。1960年，《革新教材》第一次把英语口语和英语听力技巧纳入英语教材之中。1962年，教育部拟定了新中国成立以来第一份大学英语教学大纲——《英语教学大纲（试行草案）》，提出了“为学生日后阅读本专业英语图书奠定较为坚实的语言基础”的教学目标。1964年出台的《英语教学七年规划纲要》首次调整、确定了英语是高等学校教育的第一外语[①]，建立外国语学校的教学目标是

① 何东昌. 中华人民共和国重要教育文献：1949—1997［M］. 北京：高等教育出版社，1993.

“培养高级外语类人才”[①]。根据《英语教学七年规划纲要》的要求，各大院校相继成立了英语专业，并按照纲要编写了新中国成立后的第一批英语教材，此批教材的教学内容以科学技术知识为主，侧重语法教学，注重对学生阅读技能的培养。这标志着在这个时期，国家对英语教学的质量给予了高度的关注，并且第一次提出了“专业英语教学与公共英语教学同等重要”的理念。

2. 初步探索阶段（1978—1984年）

自高考制度改革以来，高校英语专业的教学大纲不断改进，教育规模持续扩大，教学质量也取得显著进步。这一时期，众多英语教材问世，包括李筱菊主持编写的《功能交际英语》系列，黑龙江高职英语专业编撰的《功能英语教程》系列，以及李观仪等主编的融合多种教学法的《新编英语教程》等[②]。

1978年，廖承志在国家英语教学研讨会上发表题为《加紧培养英语人才》的讲话，提议实施贯穿大中小学的英语教学体系，特别指出应培养具备专业技能且精通英语的科技人才。

1979年提出的《加强英语教学的几点建议》倡导引入如《基础英语》（*Essential English*）、《高级英语》（*Advanced English Course*）、《新概念英语》（*New Concept English*）等国外教材。这一时期教材种类丰富，教学目标扩展到全面提升听、说、读、写等语言运用能力。

1980年发布的《英语教学大纲（高等学校理工科本科四年制试用）（草案）》将高职英语学习划分为两个阶段：基础英语教学阶段，旨在巩固学生的语言基础以适应阅读科技英语文献；专业阅读教学阶段，目标是培养学生能流畅阅读专业领域的英文资料。然而，该大纲只侧重阅读和语法的教学，未涉及其他语言能力的培养。

1982年4月，我国建立了公共英语教学研究会，并举办了公共英语课程的教学经验研讨会，标志着我国公共英语教学进入了一个全新的阶段。自此，公共英语教学在学术领域内获得了更多关注，被视为一门独立的学

---

① 中国教育年鉴编辑部. 中国教育年鉴：1949—1981［M］. 北京：中国大百科全书出版社，1984.

② 韩紫薇. 基于职业能力培养的高职公共英语教学改革研究［D］. 海口：海南师范大学，2022.

科。相较于改革开放之前，这一时期高职公共英语教学的探索有了显著的进步。然而，对高等职业技术教育的本质理解不足，效仿并简化本科的英语教学模式，忽视职业教育的具体实际需求，导致教学目标的实施面临困难。

3. 分级分类阶段（1985—1992年）

对中小学英语教学的重视使高职英语课程面临新的挑战。1985年《英语教学大纲（高等学校理工科本科用）》和1986年《大学英语教学大纲(高等学校文理科本科用)》两份大纲的颁布，使全国高职英语的教学面貌发生了突破性的变化[①]。在高职英语的基础教育阶段，教学重心转变为语言基本核心能力的培养，相较于先前阶段，教学标准有所提升，尤其强调提升学生的交际技能及听力、口语、阅读和写作这四大基础技能，不再局限于阅读能力的训练。这一转变催生了如《高职英语》(适用于文理科)、清华大学的《新英语教程》及《大学核心英语》(专为工科设计）等教材，形成了多种教材并存的格局。在教学方法上，高职英语首次引入了分级教学制度，将高职英语基础课程划分为六个层次，其中一至四级为必修，五、六级则为选修，并对各级别的教学内容和标准设定了详尽的定性与定量规定。在教学测试机制上，规定每完成一个级别的基础教学阶段都需进行考试。在此阶段，国家教委逐步推行高职英语四、六级考试，由此，全国范围内的高职英语教学形成了统一大纲、统一考试的体系[②]。

4. 统一大纲阶段（1993—1999年）

1993年，《普通高等专科英语课程教学基本要求》的发布标志着高职英语教学步入了以实际应用为导向的新阶段，明确提出了“应用主导，适度掌握”的教育方针，聚焦于学生英语应用技能的培养。同年，为了摆脱应试教育的束缚，增强英语四、六级考试的实效性，考试委员会启动了新题型的研究工作。随后，1995—1997年，《实用英语》系列教材问世，以其高度贴合高等职业教育的特点，引领了全国范围内高职英语教学的革新风潮。

① 韩其顺，陆慈，董亚芬. 执行大学英语教学大纲的回顾与思考［J］. 教学与教材研究，1994（6）：9-13.

② 陈建琦. 大学英语教育政策演变及路径分析［J］. 西安文理学院学报（社会科学版），2014，17（6）：87-90.

1998年，鉴于社会对人才素质的更高要求，教育部修订并发布了《高职英语教学大纲》，将原有的理工科与文理科大纲统一整合，对高职学生的英语综合能力设定了更严格的考核标准。大纲调整了英语能力的评估框架，从原先对阅读、听力、翻译、口语和写作五个单项分别提出要求，转变为强调“较强的阅读能力和一定的听、说、写、译综合能力”。此外，大纲还特别强调了深化语法知识的重要性，以及在篇章层面灵活运用语法的能力。大纲将教学进程细分为基础阶段和应用提高阶段，涵盖了基本要求、较高要求及专业英语的学习，为高校的专业英语教学提供了明确的指导，推动了基础英语与专业英语融合发展。这一大纲首次将大学英语四级定为国内各类高等院校毕业生必须达到的基本水平，标志着高职英语教学进入了一个全新的发展阶段。然而，大纲在制定过程中未能充分考虑不同高校间的差异，采取了“一刀切”的策略。长期以来，我国英语教学体系仍沿袭着“教师中心”的传统语法翻译教学模式，忽视了对学生语言输出能力的培养。此种教学方法，致使一大部分大学生虽然学习英语十几年，但只能读懂一些简易报刊，看不懂英文原著。1999年，时任教育部高教司英语处处长的岑建君指出，尽管过去二十年内，我国的英语教学有所进展，但与经济和科技发展对于人才的英语能力的需求相比，仍有较大差距。在此背景下，井升华教授也表达了类似观点，即大学生经过十余年的英语学习，多数仅能阅读简单的报刊文章，难以理解英文原著，出现了“应该学的未学，可学可不学的却学了”的现象，凸显了英语教学体系存在的问题①。

5. 特色发展阶段（2000年至今）

在21世纪，国与国之间的较量愈发凸显为才智之士的竞争，唯有储备大量兼具专业技能与精通英语的高质量人才，方能在全球化的竞技场上掌握话语主导权。2000年初，《高等职业技术教育英语课程教学基本规范（试行）》的出台，成为高职英语教学改革历程中的重要里程碑，倡导在英语教学中秉持“实用性为先，适度为限”的核心理念，注重学生语言基础的夯实及实际运用能力的培育。同时，文件特别提及，“鼓励引入并运用计

① 韩紫薇. 基于职业能力培养的高职公共英语教学改革研究［D］. 海口：海南师范大学，2022.

算机多媒体、网络技术等现代化教学工具，革新校园内的英语学习环境”。随后，在2002年12月，高教司启动了高职英语教学的调研，依据各大高校的反馈与实际情况，明确了新时代高职英语教学的目标——着重于听说技能的提升，并从修订教学大纲，研发前沿教学软件，以及四级、六级考试制度的创新三个维度，全面推动高职英语教学的革新。

伴随着2008年中国社会结构与经济形态的深刻变革，高职教育被赋予新的使命，即进一步明晰自身定位，突出其高等教育属性与职业特性，构建基于工作流程的课程体系。随着高等职业教育的地域特色日益鲜明，各地高职院校的英语课程在“适应区域经济发展、支撑专业建设”的宏观指引下持续优化，逐步孕育出富有地方特色的高职英语教学体系。这期间，源自德国职业教育成功经验的“行动导向”教学理念，得到我国高职英语教学领域的高度关注。经过我国专家学者的不懈实践与提炼，一套融合高职特点的英语教学模式逐渐形成。

改革开放以来，高职公共英语教学取得了长足的发展，然而，自2008年起，其学科地位遭遇了前所未有的挑战。事实表明，高职公共英语教学的缺失反而导致专业英语教学陷入困境。为此，不少学校开始重新审视高职公共英语教学的重要性，探索“基础英语结合专业英语”“基础英语结合职场英语”“基础英语、职场英语与专业英语三者融合”等多元化课程设置，力求实现英语教学与职业能力培养的完美结合。

（二）高职公共英语教学改革特点

很长一段时间，我国高等职业院校的公共英语课程设置及价值定位普遍沿袭了普通教育的工具理性主义，被视为性质等同于本科英语课程但知识层次较低的基础课程，强调语法掌握和阅读理解。回顾高职公共英语的教学改革历程，可以观察到以下四个发展趋势。

一是教学模式逐渐转向以学生为中心，强调提升学生的实际语言运用能力，旨在更好地迎合未来职场需求，从而使教学目标更具职业导向性。

二是课程内容注重基础语言知识和应用技能的训练，秉持“实用性为主，适度为宜”的原则对教学内容进行选择，整合通用知识与专业技能，为学生的语言学习奠定基础。同时，教学方法的优化推动学生由“被动接收”向“主动学习”转变，学习路径从单纯的“理论—理论”演变为“理论一实践”。

三是在教学改革进程中，高职英语教师不断探索符合职业特色的教学模式，创新性地运用混合式教学、情境教学等多元教学方法，从标准化教学转向个性化教学，以提升学生的学习积极性。同时，随着现代信息技术的发展，慕课、学习通、雨课堂、云班课等在线平台的出现，进一步推动了英语教学与科技的深度融合。

四是高职英语的教学评价体系逐渐适应学生多样化的学习需求，评价方式日益多元化。一方面，评价功能从单一选拔转向重视反馈，关注学生的学习过程；另一方面，考试形式更具开放性和多样性，增加口语测试权重，以全面评价学生的英语综合应用能力。此外，评价主体也趋向多元化，除教师评价外，还出现了学生的自我评价、同伴评价及企业评价等形式。

第二章

基于职业能力培养的高职公共英语教学内容

一、高职公共英语教学理念与课程建设

（一）重新定位公共英语课程

针对高职教育领域，本书深入剖析公共英语课程的独特属性，并明确其教学方向。首先，设定教学目标时，应聚焦培育学生的实际操作能力，精心规划教学大纲，确保课程内容紧贴行业需求，增强其针对性与实效性。其次，教学过程中，必须牢固构筑语言根基，强化技能训练，促使学生高效掌握技巧，为职业道路奠定坚实基础。在此基础上，追求适用性和实用性，重点关注基础理论与应用能力的双重提升，通过创设多元情境，引导学生在真实场景中灵活运用所学知识。最后，致力于全面提升学生的多维度语言技能，如听力、口语、阅读及翻译等，推动其均衡发展，为将来熟练运用英语进行有效沟通打下坚实基础①。

在课题探索中，姚春燕向高职院校英语教师提出倡议：务必精准进行学科定位，避免将英语等级测试或应用能力考核作为教学指挥棒，强调高职英语教学的核心在于锻造大批能熟练运用英语完成工作任务的实用型人才，尤其要突出职业英语素养的价值②。一旦学科定位明晰，教师在开展教学时，需确立新学科目标。以往英语教学偏重语言学角度，强调语言习得，这种方法虽适合高等教育，却未必契合高职学生的学习需求。高职学

---

① 徐小贞. 高职英语教学理论与方法［M］. 北京：高等教育出版社，2004.

② 姚春燕. 以就业为导向的高职英语教学创新策略［J］. 长春教育学院学报，2013，29（19）：134-136.

生学习英语旨在实用，非为鉴赏语言之美或领略英美文学艺术之魅，而是期望在职场中能运用英语，实现与外籍人士的基础交流，独立解读机械操作手册，以及处理日常商务英文邮件等。鉴于此，高职英语教学应侧重实践沟通能力的培养，坚决践行“就业导向”理念，以适应社会经济的巨大变化，同时增强高职生的职场竞争力，让他们能够为国家现代化建设贡献力量。

综上所述，高职英语教学需紧密围绕学生未来职业需求进行学科设计，注重实用技能与综合素养的同步提升，以塑造符合市场需求的高素质技能型人才。

（二）树立正确的公共英语课程观

国内和国际环境不断变化，社会对人才的需求不断提高，行业和企业对高职院校毕业生的能力也设定了更高的标准。高职教育的核心理念是以就业为导向，以能力为核心，因此，高职公共英语教学应当致力于教授学生坚实的英语理论基础，并确保他们能够将这些理论应用于实际情境，从而提升他们的实际交际技能。

为了使学生毕业后能立即适应工作岗位要求，实现行业、企业需求与学生就业能力的完美契合，高职院校的公共英语教学亟须革新观念，确立恰当的课程定位，着重培养学生的英语职业能力[①]。

高职公共英语课程教学改革可以从培养学生的英语职业能力入手[②]。在高职教育体系中，公共英语课程应被赋予恰当的地位，教师需树立起以职业能力发展为教学目标的课程观念。高职公共英语的教学不应仅限于传授词汇、语法规则和语音知识，更要致力于全面开发学生的听、说、读、写、译等多元技能，更为重要的是，应注重在教学过程中引入对学生英语职业能力的塑造。公共英语教师在课堂教学中扮演着引领者的角色，因此，教师需秉持现代职业教育的原则，构建以能力提升为核心，以就业为导向的教学环境。这要求教师不断革新教学方法，采用科学且具有适应性

① 董兰梅. 基于职业能力培养的高职公共英语教学策略探讨［J］. 成才之路，2024（5）：69-72.

② 胡文莉. 基于职业英语能力培养的高职公共英语教学体系重构：以郑州铁路职业技术学院为例［J］. 郑州铁路职业技术学院学报，2021，33（4）：53-57.

的教学模式，以强化学生的英语职业能力。在具体的教学实践中，教师应以学生为主体，激发他们主动参与的积极性；应设计真实的教学情境，积极开展小组讨论、合作学习及角色扮演等多样化的教学活动；同时，应鼓励学生积极参与英语社团，利用英语角等提升日常交际能力，并组织学生参加各类英语竞赛，以增强他们在听力、演讲、阅读和写作等方面的技巧。

（三）准确定位高职公共英语课程建设

为了深化职业教育的教学标准框架并强化人才培养的实效性，教育部于2021年发布了《高等职业教育专科英语教学指南（2021修订版）》，其目标明确，即通过英语学习与实践，为学生的进一步学术研究和终身学习打下坚实的基础。在这个框架中，英语学科的核心素养被强调为商务沟通能力，这充分展示了职场英语在现代教育中的重要性。过去，对高职学生的英语教学侧重于基础技能的培养，如听力、口语、阅读、写作和翻译，以及基本的商务交流，但这些技能已无法满足当今社会对职场人才的更高要求。因此，公共英语课程在高职院校中的定位亟须更新，教师需基于教育部最新的教学指导方针，对课程设计进行创新。教育理念应与时俱进，课程内容、教学目标、结构和方法应与各专业特色及学生特性紧密结合，遵循能力提升的阶梯式教学原则，在日常教学中有序地融入职业能力的培养。在设计课程内容时，必须超越纯粹的语言知识传授，要围绕职业发展需求，以就业为导向，着重提升学生的执行能力和职业素质，强化英语的实际应用性和职业相关性[①]。

具体来说，当前的高等职业教育正朝着培养具备生产、管理、技术和服务多方面能力的高级应用型人才的方向迈进，这是高等职业英语教学的重要导向。

（四）课堂教学实行大班级授课与小组合作学习结合

尽管教育在不断改革创新，但是，在我国当前的教学方式中，课堂教

① 董兰梅. 基于职业能力培养的高职公共英语教学策略探讨［J］. 成才之路，2024（5）：69–72.

学依然占据着主导地位，大部分学校的教学活动都在课堂中展开，因此，可以说课堂教学的有效性是教学成功的决定性因素。鉴于大部分高职院校的实际条件，将大班教学与小组合作学习这两种模式融合开展公共英语教学，不失为一种提升课堂教学效果的有效的策略。

公共大班授课的教学主要聚焦于词汇、句法、阅读和翻译等，侧重英语语言基础知识、英语学习策略与跨文化交际策略训练。大班授课可以在利用较少的教学资源的情况下，提供较高的教学成效，授课的高效率优势显著。这也跟我国人口众多，学生数量多，教学资源紧张的现实情况有关，如果考虑2019年5月教育部出台的《高职扩招转向工作实施方案》，那么大班授课制无论如何是不能抛弃的。

与人数众多的大班教学相比，小组合作学习人数较少。小组合作学习指根据实际教学标准，将学生划分成2～6人的学习小组，开展学习活动。在此模式下，小组成为学习与活动的核心单位，从而，教师的教案设计、教学实施及评价均以小组为基本对象。小组合作学习的优势在于，它能有效凸显学生的主体地位，充分调动学生课堂学习的积极性。在具体的公用英语教学实践中，合作学习的活动形式丰富多样，涵盖角色扮演、模拟电影对话、剧场表演、情境再现、小组讨论等，既有灵活性，又充满挑战性。这些多样化的听说训练能够巩固学生的英语知识基础，提升他们的英语应用能力。教师会为各小组分配讨论主题，由小组代表向全班进行报告，以此开展一系列多元化的听说实践。通过这样的集体努力，小组中每个个体的发展都得到了推动，进而实现整体的进步。在此过程中，学生的英语技能悄然提升，课堂参与度亦随之增强，大班教学可能存在的问题也可以得到弥补。然而，值得注意的是，小组合作学习并非教师“放手不管”。实际上，有效的小组学习需要教师投入大量精力进行细致的备课、现场的引导和管理，并对学生进行指导与评价，以及不断进行经验反思，这对教师的专业要求提出了更高的挑战。

（五）合理利用现代化信息技术与资源

高职院校因录取批次等原因，学生的录取成绩普遍低于本科院校，许多学生的英语基础也较为薄弱，他们缺乏有效的英语学习方法，也就无从形成稳定的学习习惯。因此，教师在公共英语教学中的首要任务是引导学生重塑对英语学习的认知。为了完成该任务，教师需针对每个学生的个体差异提供定制化的指导，帮助他们明确自身的责任，理解如何以最适宜的方式达成学习目标。

如今，我们生活在一个信息爆炸的时代，丰富的英语学习资源触手可及，为学生提供了极大的便利。然而，网络资源的质量参差不齐，如果选择不当，可能会导致学生时间和精力的浪费。作为英语教学的专业引导者，教师应当关注且评价这些网络资源，并利用自身的经验指导学生选择，以降低学生的学习成本，提高学生学习的效率。教师应将英语学习与学生的个人英语水平、学习目标和兴趣紧密结合，设定符合他们实际英语水平的学习目标[①]，并选择与之相适应的教学资源，包括教材、阅读材料以及网络资源等。学习资料与学习能力的匹配有助于学生深入理解学习内容和目标，也能促使他们自我反馈，从而增强其自主学习的意识。此外，教师应推荐学生每日定时浏览英文新闻。同时，教师应鼓励学生利用应用程序进行自我提升。教师还需对学生的学情进行深入分析和监控，适时提供指导，并给出公正的评价，以促进学生持续进步。

二、与职业结合的教学内容的编排

（一）基于职业能力培养，选择公共英语教学内容

高职院校开设公共英语课程的核心目的在于全面提升学生的英语综合运用能力，增强其就业竞争力，并培养他们的职务执行效能，从而为学生的长远发展奠定稳固基石。鉴于此，高职院校的公共英语教学应立足于学生个体的成长及社会需求，对教学内容进行深度设计，包括依据不同职业、岗位的具体职责需求和国家职业资格标准来精选教材和明确教学大纲。高职公共英语教学不仅要凸显自身的独特性，而且要适应各行业对英语技能的实际要求。因此，对于高职院校英语教学设计来说，

① 霍焱. 以就业为导向的高职公共英语教学改革研究［D］. 锦州：渤海大学，2020.

至关重要的是妥善协调基础性与职业针对性之间的平衡，实现两者的无缝融合。

姜大源指出，高职教育是强调应用知识的教育，相对应的课程体系是“行动体系”，即“工作体系”[①]。教师应以课程标准为依据，突破传统的单一的专业教材框架，秉持对高职公共英语“人文素养+专业工具”本质的精准理解，并充分考量学生现有的知识状态、专业技能掌握程度及语言水平，对教学内容进行精心设计。在此基础上，教材应围绕具体的职业需求进行编排；教学内容需巧妙平衡短期满足就业“够用”与长期支持发展“可用”的需求。教材内容应简洁易懂，但绝不流于表面，应融合纯粹的英语教学与单一的技能训练，同时在公共英语教学中引入行业文化元素。此外，教材选择应考虑实际情境，旨在激发学生的学习积极性，提升其交际能力和职场适应能力。

在高职公共英语教学中，教师应当深度考量各种职业岗位的独特需求，针对特定岗位设计特定教学内容。如旅游专业，可融入更多的景点描述；机械制造专业，可强调产品说明的英语应用；酒店管理，需加强服务接待等专业术语的教学。同时，重点培养学生的日常交际技能，使其能将所学英语知识灵活运用于询问、接待和接打电话等场景。对于护理、旅游、电子商务这类具有鲜明特色的专业，英语教学应进一步深化并具体化课程内容，引入实际案例以增强教学效果。总的来看，教学内容应密切贴合就业需求，特别要强化学生的职业英语沟通技巧，使之更具针对性，如个人陈述、求职面试、企业介绍等模块。在教材方面，应根据具体职业岗位进行定制。如酒店管理专业的公共英语教材中，可大量加入提升听力和口语能力的酒店业相关素材，并设计模拟实践，如模拟酒店运营环境，让学生用英语处理基本的酒店交流事务，协助外籍客人办理入住等；对于机械制造、汽车修理等理工科专业的学生，鉴于其在未来工作中可能频繁接触零部件手册、维修指南等专业英语文本，因此教材内容应侧重于这些英文资料的阅读理解和翻译实践。

首先，在规划英语教学内容时，应着重强调其实用价值，以促使学生未来迅速融入职场，同时促进其个人素养提升。为了实现这一目标，教师

---

① 姜大源. 工作过程系统化课程的结构逻辑［J］. 教育与职业，2017（13）：5-12.

需根据各专业的特性，对英语教学大纲进行深度剖析与创新设计，通过对行业及企业核心职位的详细解读，精炼出具体的工作职责，梳理出操作步骤，进而重新构建单元学习目标，应特别注重在模拟的职业场景中锻炼学生的英语实战技能。例如，国际贸易专业的学生，他们将来可能需与海外合作伙伴进行商务交流，这就要求他们具备一定的国际商贸规则知识。教师可收集并分析现实生活中相关的文档资料，如最新的国际商业法规，将其融入课程体系，以提高学生的专业素养。

其次，高职院校应建立公共英语教师与各专业课程教师之间的常态化学术交流机制。尽管英语教师通常具有深厚的英语功底与丰富的授课经验，但由于他们多为人文社科专业毕业，可能对理工科的专业知识，特别是生产实践流程了解不足；而专业课教师虽精通本领域知识，却往往欠缺将英语有效应用于教学的能力。鉴于此，校方应组织英语教师与专业课教师定期开展研讨会，相互学习、共享资源，使英语教师能深入了解理工科的生产实践，掌握必备的专业知识，从而紧密结合学生的专业需求讲授英语，如此一来，学生的英语职业能力将得到显著提高。为提升学生的英语职业能力，英语与专业课程的教师需协同深入剖析每学期的教学大纲，理解知识架构及重点难点；预估学生未来职业生涯可能面临的难题，并据此优化教学策略。同时，英语教师还需要据此调整课程内容，扩展相关资源，确保教育的针对性和有效性。

最后，公共英语教师应依据学生的学习特性，因材施教，灵活运用各种教育资源和数字化工具，创建多元化的教学环境，利用丰富多样的教学资源，激发学生的学习热情，提高他们的参与度，从而有效提升其学习英语的积极性。

具体实施时，高职一年级的英语课程可统一设计，内容关注日常生活主题，如个人兴趣、饮食文化、旅行购物、健康医疗和社交团队等；进入二年级，课程可依据各个专业的特性设定相应的职业场景，让学生在这些模拟情境中进行合作学习。以某校网络营销与直播电商专业为例，参照其行业需求，课程将重点讲述相关理论知识的英语表达方式，如表2-1所示。

表 2–1　网络营销与直播电商专业英语授课理论内容

内容	模块名称	学时
涉外活动与业务口语	问候与介绍、接打电话、谈论企业组织结构、洽谈与签订合同、祝贺合作完成、宴会致辞、订购机票、机场送别、主持会议、谈论工作计划、直播服务、产品故事传译、直播带货	32
应用文及相关文章的阅读与写作	个人名片、电话留言便签、酒店登记卡、业务合同、会议通知、会议议程、会议记录、项目进度表、祝贺信、请柬、菜单	24

在具体进行英语理论内容的教学时，教师可以结合多元化的教学方法，如项目教学法，根据网络营销与直播电商专业的课程进度，设置一个包含了完整工作流程的项目：在该项目的实施过程中，学生需要与国外某商务公司进行合作，开展跨境电商服务。具体内容如表 2–2 所示。

表 2–2　网络营销与直播电商专业项目化英语教学课程设计案例

学习模块	情境设置	具体任务	考核结果
迎接合作方	在机场迎接合作方怀特先生等人	1. 自我介绍 2. 制作英文名片 3. 机场接待	1. 情景会话 2. 个人名片
安排住宿	安排怀特等人到酒店入住	1. 电话预订酒店 2. 入住酒店	1. 情景会话 2. 制作电话留言便签 3. 填写酒店预订登记表
企业介绍	陪同怀特等人来到公司参观，向其介绍企业的情况	1. 介绍企业的历史和现状 2. 了解本企业的组织机构	1. 情景会话 2. 介绍企业的短文
召开会议	双方就此次跨境电商业务开展商讨会议	1. 写会议通知 2. 制订会议议程 3. 主持会议 4. 写会议记录	1. 情景会话 2. 会议通知 3. 会议议程 4. 会议记录
合同洽谈与签订	与合作方洽谈并签订业务合同	1. 模拟两公司洽谈并签订合同 2. 学习合同条款相关术语和合同的格式	1. 情景会话 2. 填写合同
工作计划	向合作方介绍施工计划	1. 谈论具体工作实施计划 2. 制订工作进度表	1. 情景会话 2. 工作进度表
庆祝合作完成	双方举行庆祝合作完成仪式	1. 祝贺跨境电商业务圆满成功 2. 写祝贺信	1. 情景会话 2. 祝贺信

表2-2（续）

学习模块	情境设置	具体任务	考核结果
宴请合作方	宴请合作方的合作人员	1. 邀请合作方参加宴会，写邀请信 2. 在饭店选座、点菜、推荐饮食、付款等 3. 译写菜单	1. 情景会话 2. 邀请信 3. 英文菜单 4. 得体用餐 5. 在宴会中致辞
机场送别	在机场送别怀特等人	1. 订购机票 2. 在机场为怀特等人送别	情景会话

此类项目式的教学，能够充分锻炼学生的职业英语运用能力，且让教学过程变得更加生动，从而调动学生学习的主动性和积极性。因此，公共英语教师可以结合不同的专业需求和学生今后的岗位需求，灵活设置适合本专业的授课内容，并设置不同类型的项目，让学生深度沉浸于相关的任务情境中，完成公共英语的学习。

（二）基于职业能力培养，编排公共英语教学内容

教学内容应根据实际的“作业/任务/产品进程”，遵循实际操作的逻辑流程来设计，主要目标在于提升实践技能，解析情境难题和解决实际问题。教材的呈现必须精益求精，其结构应符合学生的认知发展规律，内容应紧密围绕职场中可能遇到的具体问题。可以从优秀的公开教材中挑选相关板块，构建一个以典型职业任务为蓝本、以横向延伸为主的模块化课程架构。这样的课程将公共英语的教育目标与专业化的学习内容巧妙地结合在一起，构成基础教学的核心部分。教学实践中的反馈应作为调整和优化教学内容的依据，主要教学目标为满足工作流程需求和提升，包括学习方法、学习能力及社交能力在内的职业能力。

某高职院校公共英语课程教学团队的卓越改革实践案例——“基础英语：直播助农”，如图2-1所示。此案例的教学内容设计依据现实的工作环境：电商直播的繁荣，同时伴随着全球经济一体化的深化，跨境电商直播呈现显著增长态势。在此背景下，某高职公共英语课程相应地进行了革新。该案例以电子商务专业特有的职业情境——英语直播——为核心，重新构建了六个教学单元：电商直播导读、客户需求分析、产品介绍撰写、直播服务口语、产品故事传译及直播带货实战。这六个环节全面覆盖并锻

炼听、说、读、写、译五大英语基础技能。鉴于众多企业强调员工在实际工作中应具备出色的面对面交流能力，因此教学体系打破了传统的、均衡分配五项技能的模式，转而加大了听力和口语训练的比例。

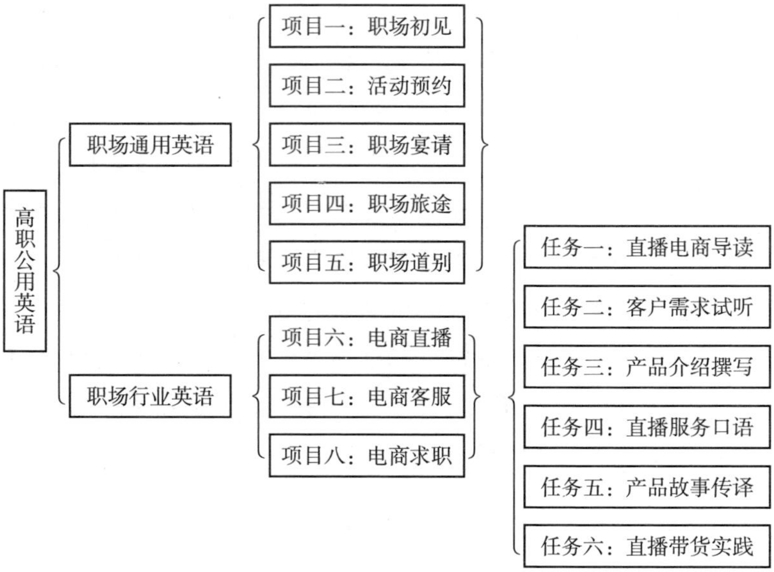

图2–1　案例“基础英语：直播助农”教学内容图

（三）基于职业能力培养，增添英语实训课程教学内容

1. 从整体建构角度出发，建设校企联合模式

为了更有效地促进学生职业能力的成长，高职院校应聚焦打造校企联动机制，具体可从吸引行业高手加盟教学、共办职业训练活动、创立企业招聘专栏这三个方面入手。此举意在拓宽学生的实践视野，并为其职业路径提供指导，确保他们能顺利适应未来职场。首先，学校应该主动延揽业界高手投身英语实训教学，这些行家里手具备深厚的工作阅历与高尚的职业精神，能够给予学生实用的职业建议和引导，助其精准把握行业脉搏及岗位诉求。其次，学校需与企业强强联合，筹划共同培训项目，促使学生深入了解行业标准及规范，从而提升其职业素养。再次，学校应与企业联袂推出实习方案，让学生在实际操作中磨砺自身的职业能力。最后，学校应与企业联手创建校企招聘专区，为学生提供丰富的就业信息与机会。这些信息包含企业招聘信息等，可以使学生全方位掌握就业状况及职业前景。同时，学校应与企业合作，举办校园招聘会，让学生与雇主及招聘代

表进行直接对话与互动，从而强化其就业竞争力。

2. 从课程教学角度出发，优化设计实训课程

为深化学生的职业能力培育，构建了完备的校企合作框架后，教师要从课程教育切入，完善实训环节的架构。首先，基于英语运用能力构建实训项目。在此过程中，教师应当聚焦于学生英语实际操作技能的提升，根据不同学科背景学生的需求，定制化开设与专业领域相契合的英语实践课程，以此增强学生在英语沟通及应用层面的能力。其次，遵循岗位需求设计实训任务。在策划实训课程时，教师需考量特定职业的要求与行业规范，构建与就业方向紧密相连的实训课程。比如，面向国际商务专业的学生，可筹划涉外贸易信函撰写、商务洽谈技巧、英文合约拟定等实操训练；而对旅游管理专业的学生，则可安排旅游英语口语交流、景点导览解说、旅行路线策划等实践项目。最后，以技能增长为核心，创设“创新与创业”类竞赛。在实训体系中，教师宜组织诸如英语演说竞赛、英语戏剧演绎、英语创新理念挑战赛等活动。这类活动不仅有助于提升学生的英语表述水准，而且能激发其创新意识与团队协作精神。此外，活动经历将使学生洞悉行业前沿动态与市场期待，为其未来职业生涯规划奠定坚实基础。

三、利用现代教学技术开展多模态教学

（一）多模态教学模式定义

多模态能够激发多感官的信息处理能力，在语言教学领域，学者和英语教师正尝试从理论与实践双重角度引入多模态理论，旨在开发多样化教学方法，并提升教学质量。Stein所倡导的“多模态教学法”符合多元智能教育的趋势，强调培养学生的多元化能力，并将课堂活动细分为多个环节，每个环节包含多样化的活动类型，共同构建一个灵活且开放的学习体系。在课堂教学中，教师应高度重视多媒体技术的应用价值。由于课堂内的每种互动方式均具备多模态特性，因此教师的教学设计与评估需紧密贴合情境模态。教师可通过不同途径整合课堂教学的各项元素，进而构建高效的教学模式。简而言之，教师肩负着充分利用课堂资源的责任，以激发

学生的多感官体验，从而协助学生更好地获取、理解和吸收知识。朱永生主张，考虑当前的教育环境，应该从以下两个方面对语言的教学和学习进行优化：首先，要明确的是，在当下社会中，多样化的文化趋势和各种语言的变种正在逐渐形成；其次，互联网技术迅猛发展使各种媒介之间相互渗透形成了一个新的网络传播空间，随着信息技术的飞速进步，利用文字描述意义的方式与通过视觉等其他手段表达情感的方式开始相互结合。在此背景下，英语教学领域应当致力于通过现代教育技术手段优化教学方式、内容及方法，进而实施全面且多样化的教学改革，培育具备综合能力的未来人才。在教学实践中，英语教师需致力于激发学生在触觉、听觉、视觉等多维度的感受，积极鼓励学生的主动参与学习，结合听、说、读、写等多元化的教学手段，促进学生对知识的深入理解与吸收。在此学习框架下，英语教师应依据教学内容与学生特性，灵活采用多样化的教学策略，营造轻松愉快的学习环境，以提升学生的英语能力。在挑选教学方法与应用教学辅助工具的过程中，教师应持续寻求创新，确保教学内容中的专业词汇能够与视频、图片、音频等多媒体资源无缝整合，从而实现教学过程既具实用性又充满趣味性。此举不仅有助于学生掌握所需知识，更能在增进学生对英语学习的兴趣同时，强化其语言技能。

在多模态教学模式下，基于多模态话语分析的学习方式作为一种新兴的研究视角逐渐受到关注。探究多模态教学法时，需深刻理解其特性和益处。多模态话语分析的探索有力推动了多模态语言教学及文本表现的进步。研究材料不限于文字，还涵盖了图像、音频、色彩等多元形式。此创新教学策略不仅丰富了学生的感觉体验，更为英语教育注入了前所未有的活力。

（二）多模态教学模式特点

科技的进步推动了信息技术的发展，现代化教学模式与信息技术的深度融合已对学生的学习体验产生了深远影响。多模态教学作为一种创新的教学方法，不仅适应学生的个性化需求，而且能够提升他们学习的积极性和自主性。在这一教学模式下，教师借助多元化的手段，可以帮助学生更深入地领会和接受知识。多模态教学法以语言学和多媒体的融合为发展前提，其核心理念是通过多种媒体渠道来传达教学信息。因此，作为一种新颖的教学模式，在实施多模态教学法时，教师需融合视频、图片、音频等多种类型的现代教学技术与资源。与传统教学模式相比，这些教学资源，能够有效规避传统教学中枯燥、乏味的感官体验，让学生体会到学习英语的乐趣，调动起学习英语的主动性和热情，更深入地理解具有跨文化特点的英语词汇，并增强对其运用能力，从而为日后的英语交流打下坚实的基础。对于英语教学而言，多模态教学无疑是质的飞跃，它成功破解了传统英语课堂中的诸多难题。更重要的是，这种教学模式具备极高的灵活性，无论是实体课堂、在线视频教学还是虚拟互动学习，都能有效地协助学生深化理解和实践所学知识。多模态教学模式具有以下特点。

一是五感共用。感觉器官是人类感受外界刺激的主要器官，主要感觉器官为眼、耳、身、鼻、舌，对应的是人的视觉、听觉、感觉、嗅觉和味觉。在多模态教学法中，这些感官被整合共用，以实现全方位的学习体验。这种教学模式超越了单纯的听觉和视觉教育，引入了更丰富的感知维度，充实了教学的内容。传统教学模式局限于单向的线性结构，其核心是教师的讲解，忽视了学生的个体差异和学习风格，导致部分学生缺乏学习动力，难以积极参与教学。相比之下，注重多种感官共用的多模态教学法，在开展公共英语教学时，强调借助多媒体技术呈现图文和视频信息，可以提升学生的感官参与度，进而有效地将他们的注意力吸引到英语教学中。此外，与文字信息相比，人类面对图片、视频等类型的具象信息时，更容易产生联想，所以，与传统的文字与讲述结合的教学模式相比，多模态教学方法更能够让学生产生联想，使其思维能力和独立思考能力得到锻炼，虽然个体的能力锻炼效果存在一定的差异，但这种教学模式使不同水平的学生都能在公共英语的课堂教学中获得实质性进步。

二是强调教学模式多元化。传统的高职英语教学模式显得过于单调，教师在课堂上的授课多采用讲述法。这种教学方法强调教师的主导地位，教学过程表现为教师占据教学活动的主导地位，以讲的形式传授知识，而学生在此过程中则主要以听的形式来获得知识，教学过程缺乏互动，且形式单一，导致英语基础较为薄弱的高职学生逐渐地对英语的学习失去了兴趣。而多模态教学则强调调动学生的感官，在传统“讲—听”的教学模式中，融入了各种多元化的教学方法，如PPT演示、构建各种教学情境、小组讨论等，将学生作为教学活动的中心，以学生为主体综合运用多元化的教学模式，活跃课堂氛围，充分调动学生学习英语的积极性和主动性，提高公共英语课堂的教学成效。

三是以学生为主体，教师负责引导。在采用多模态教学法开展高职公共英语教学时，教师应对自身的指导角色的地位予以明确，在开展课堂教学时，做到以学生为中心，引导他们的英语学习进程。值得注意的是，在多模态教学中，对于具体的教学模式没有固定的要求，所以，教师在开展公共英语教学时，具有很大的自主权，可以根据学生的现有知识水平，个性化地设计教学目标、教案等，甚至可以自行编制教材。

四是教学相长。多模态教学法对于教师的教学素养要求较高，因此，教师为了营造良好的教学氛围，熟练地运用现代教学技术，激发学生的学习兴趣和主动性，就需要不断地精进自我，提升教学素养，进而提高高职公共英语课程的育人成效。

（三）多模态教学模式应用于高职公共英语教学的意义

其一，强化学生的沟通能力。在高职英语教学中，教师应致力于提升学生的全面语言能力[①]，以推动学生的整体发展。可以考虑改革单纯的讲授式教学，转而侧重于培养学生的实践应用技能，利用多媒体工具揭示知识的多元面貌，突破传统教学的局限性。

其二，提升学生的英语学习兴趣。激发高职学生对公共英语课的学习热情并提高其求知欲，是增强高职学生英语阅读、写作及沟通能力的关键。但是，在传统教学模式中，受限于过时的教学模式与方法，教师往往无法根据课程内容制订适宜的教学方案，使得教学过程缺乏趣味性，导致学生难以产生参与英语阅读理解学习或口语练习的主动性和积极性，最终导致一些学生感到英语学习既乏味又难以理解，从而丧失了自主学习的动力。多模态教学法尊重学生的个体认知，注重他们在学习过程中的主体地位，通过创建轻松愉快的学习环境，鼓励学生积极参与，使教师能实施更有效的教学策略，发挥引导作用。

其三，提升师生互动效率。在传统的高职英语课堂中，教师通常占主导，倾向于通过讲解传授知识。然而，许多教师往往无法随时兼顾学生的

---

① 杨柳月．多模态教学模式应用于高职英语教学的研究［J］．海外英语，2022（8）：234-235.

心理状态，对于学生的学习状态也无法做到充分掌握，更遑论结合学生当前的学习状态来调整教学活动。而多模态教学则不同，在教学过程中，教师可以及时地掌握学生的心理状态，了解学生的学习进度，随时帮助他们解决学习中遇到的困难。这个过程中的交流和沟通，能够改变公共英语教师在学生心中高高在上的形象，拉近其与学生的心理距离，起到鼓励学生更积极地参与课堂互动的作用。

（四）高职公共英语多模态教学模式的实施策略

首先，运用多模态教学模式，营造全方位感官体验。在高职公共英语教学过程中，成功实施多模态教学的关键在于公共英语教师需针对所有学生不同的学习进度和学习需求定制个性化的教学方案，摒弃传统“一刀切”的方式，全面提升所有学生的英语应用能力。另外，多模态教学的一个显著的特点就是多元化教学材料的运用，因此，为了充分发挥出多模态教学的作用，充分改善学生的学习体验，教师应多运用现代教学技术，如信息技术和计算机技术等，建立一个全面的教学与学习资料库。该资料库的内容必须紧密结合高职公共英语课程的具体要求和学生所需掌握的核心技能，能让学生自行查找课堂上未能彻底理解的内容，从而加深自己对英语知识的理解与掌握。创建资料库时，应以多样化为指导原则，除了所提供的文本材料要具备多样化特征，还应加入图片、视频、音频等多种类型的资料，如新闻、电影、音乐等，以刺激学生的多重感知，从而促进知识的有效吸收。此外，教师应当鼓励学生进行自主学习，让他们不仅能够深入研究核心课程内容，而且能够自主探索相关领域的扩展知识，以此来全面提升学习效果。

其次，创造适应多模态的教学情境，最大限度利用多模态教学的优势。教师只有通过巧妙设计，创造适宜的学习空间，才能使多模态教学的潜力得到充分释放。目前，高职公共英语教育的关键场所主要在教室，这里是英语教学的重点区域，也是教学活动的核心场地。然而，以往的高职英语大课常常显得单调乏味，给学生带来了沉闷的学习体验。因此，教师应当努力营造轻松且充满乐趣的学习氛围，让学生感受到学习英语是一种享受。

最后，规划多模态教学活动。培养具有实际操作能力的专业技术人才是高职院校开设公共英语课程的根本目标。这一目标也指引着教学的方向，并成为教师重视提高学生实践技能的重要依据。在开展公共英语教学时，教师应注重学生英语应用能力的提升，加大实践教学的比例，让学生能够在课堂教学中充分参与实践学习活动。

四、建设和利用慕课教学资源

（一）英语慕课教学模式概述

1. 慕课特点与优势

慕课（massive open online courses，MOOC）的概念起源于20世纪60年代，而MOOC这一术语则由Dave Cormier与Bryan Alexander共同提出。

慕课以开放性、规模宏大、个性化及内容丰富为显著特点，不仅对高职院校的英语教学产生了积极的影响，而且极大地推动了英语教学方式的革新。通过充分利用互联网信息技术，英语慕课教学平台能够实时跟踪学生的作业完成情况，并利用后台数据分析功能全面评估教学效果。因此，多数英语教师认为慕课的教学模式有助于推进基础较弱学生的学习进程，激发他们的英语学习兴趣，让他们自觉提高自身英语水平。此外，英语教师还可以利用慕课的大数据分析能力，及时发现学生学习过程中存在的问题，并采取相应的辅导措施，从而有效提升高职院校公共英语教学的质量和效率。

传统英语教学面临诸多挑战，如学生理解力差异大、教师难以兼顾所有学生的学习进度等问题，加之课堂教学时间的约束，使得教师无法全面关注每名学生的学习动态，这往往导致部分学生的学习进程滞后，进而影响其英语实践应用能力的培养。而慕课模式成功地解决了这些难题，凸显了其独特的优势。在慕课教学中，教学视频通常由自身经验丰富、技能精湛的教师团队精心制作而成，他们基于对教材的深入研究与自身丰富的教学经验，确保了课程设计与课堂时间规划的高质量。学生可以根据自身的学习节奏，自由选择并反复观看这些教学视频，不仅能巩固知识，而且能通过回顾旧知识来引发新思考，从而实现自我提升。同时，视频学习与对课程内容的深入探讨，强化了复习效果，有效地提高了学生对知识的理解与运用能力。慕课的最大亮点在于其灵活的时空特性，它打破了时间和空间的界限，使学生能够随时随地通过互联网进行学习，从而推动了教育的终身化与个性化发展。

2. 慕课在高职公共英语教学应用中的必要性

慕课为高职院校的公共英语教学带来了丰富优质的教育资源。长期以来，我国面临教育资源分配不均的问题，这种不均衡不仅体现在城市的教育和经济发展水平上，还体现在学校及教师的差异上。而慕课凭借其“大规模”与“开放性”的特点，能够汇聚并分享全球最优质的教学资源，让生活在偏远地区的学生也能获得世界级的教育资源。学生可借助互联网平台，通过手机或电脑等设备，在任何时间、任何地点自主学习感兴趣的课程。

慕课提供了多元化的课程形态，有助于解决教育需求中的个性化差异问题。高职院校的公共英语教学往往面临学生思维模式、智力层次和理解能力等的多样性，传统教学模式难以满足每名学生的特定需求。然而，慕课以学生为核心，围绕其特点设计课程内容，使学生可以根据自身条件选择适宜的学习路径；对于疑难问题，学生还可以通过课后交流加以解决，这有助于提升学习效果并缩小个体间的差异。

此外，慕课的数据化特性有助于教学活动的优化。对于学生而言，大量的数据信息可支持他们调整学习内容与方法，进而提高学习成效；对于公共英语教师而言，慕课能够促进公共英语教师团队整体能力的提升。

3. 慕课背景下教师角色的重塑

（1）转变教学理念

转变以教师、教材和课堂为中心的传统教育观念，塑造一种新的教育理念：强调学生主体地位、倡导师生协作并珍视个体化学习。在公共英语的课程规划方面，应以学生为主体，结合学生的个体特征，从网络学习的角度出发，科学地挑选教学内容，并精心设计教学流程与步骤。此外，还需策划互动讨论环节及建立一套全面系统的评价机制。同时，借助现代信息技术的整合应用，建立起学生与教师之间的知识架构，始终将学生置于核心位置，并运用各类信息技术手段来分析其学习成效。

（2）加快教师角色转变

在慕课的学习环境中，公共英语教师的角色发生了显著变化，教师的授课内容不再是知识的唯一权威来源。通过网络平台，学生能够接触到更广泛的信息资源。这意味着公共英语教师将更多地承担起设计者的角色，而非仅仅作为知识的提供者。教师应积极参与教学活动，成为学生构建课程知识、实现创新的促进者和合作者。在师生互动、同伴交流中，新的知识体系得以构建。尽管教师不再处于主导地位，但这并未削弱其作为专业引领者的作用。相反，凭借深厚的学科知识，教师能够引导学生深入探索，成为学生学习过程中的重要支持力量。在使用慕课教学的背景下，公共英语教师的核心职责转向了组织学习活动、参与讨论、协助解决学习难题、激发学生的主动性和创造性思维，以及营造一个有利于在线学习的积极环境。为了适应这一转型，教师需要积极调整教育理念，推动教育改革，探索并实施创新的教学方法。这包括但不限于采用更加灵活多样的教学策略，利用技术手段增强交互性，以及关注学生个性化学习需求，以提升网络环境下的学习效率和效果。同时，教师还需不断学习和适应新技术，以更好地服务于学生的在线学习。

（3）提高教师信息化教学能力

现代信息技术为慕课提供了网络平台以实施教学模式的革新，虽然在课程开发中可以借助专业技术人员的力量来确保技术支持，但单纯依靠技术手段的创新不足以推动教学模式根本变革。慕课的核心价值在于其蕴含的教育理念，而非仅仅是其技术手段。在高职公共英语教学中，公共英语教师作为这一理念的引领者，唯有深入理解慕课的精神实质，方能设计出优质的课程内容。那么，如何使教师能够成功地设计慕课课程呢？首先，提升公共英语教师将信息技术融入教学实践的能力，以便其能够针对学生的个体差异和特定需求来定制教学内容。其次，增强公共英语教师利用信息技术多样化教学方式的能力，借助慕课平台及技术手段，促进学习模式由传统的单向接收转变为师生互动、生生交流的形式。最后，还需要加强公共英语教师的数据分析能力，使其能够利用网络信息技术来监测学生的学习进展和所处的学习环境，进而构建有效的学习评价与检验机制，及时发现并解决学生课后遇到的困难及学习过程中存在的隐性问题。

因此，高职公共英语教师需具备掌控整个教学流程的能力，包括规划课程的步骤、营造互动式学习氛围，同时需要建立全面的学习成效评估体系，创造良好的学习条件，并积极参与协作学习，以更好地满足慕课教学的需求。

（二）高职公共英语慕课建构原则

1. 学生自主构建知识

建构主义学习理论认为，学生通过构建的方式自主获取知识[①]，而不是仅仅依赖于教师的传授。例如，著者所在院校，在开展公共英语教学时，让学生在开展线下课堂教学前，借助慕课平台自主完成英语知识的学习；而课堂上，使慕课平台成为学生和学生、学生和教师之间开展互动的桥梁。在这种模式下，高职公共英语教师由原来的主导者转而成了引导者和协调者，而学生则成了课堂活动的主导，这种变化能够有效增强高职学生在公共英语日常学习中的主动性和热情，进而帮助其建立起自己的知识体系并实现知识的内化。

2. 实施分层式教学

高职一年级的学生，受多种原因的影响，自身的英语水平必然存在显著差异。传统英语教学模式通常会忽视学生的基础水平差异，在教学内容与组织形式上采取统一的标准，这在增加部分英语基础薄弱学生认知负担的同时，在一定程度上导致学习成绩优秀的学生“吃不饱”，使宝贵的教育资源被浪费。更为关键的是，这种教学方式不利于基础较弱学生的发展。因此，高职院校应用慕课开展公用英语教学时，应充分考虑学生与学生之间的英语基础水平、接受能力、学习方式、个性等方面的差异性，为他们提供个性化的慕课资源，让学生能够根据个人的英语基础水平、接受能力、学习方式、个性及学习进度等，自主选择适合自己的教学资源，并灵活安排学习时间和进度。同时，由于慕课视频资源可以自主选择暂停或回放，对于不懂的部分，学生可以通过播放控制进行深入研究，直到完全掌握视频所讲授的内容。借助这种方式，个性化和分层教学得以实现。

3. 给予学生学习的主导权

掌握学习理论主张通过适当的教育方法、适宜的学习环境、足够的学

---

① 宋枫. 基于MOOC的高职英语O2O教学模式研究［D］. 漳州：闽南师范大学，2015.

习时间，让每名学生实现其设定的学习目标。在公共英语的慕课教学模式下，应给予学生学习的主导权，让他们摆脱传统课堂的束缚，摆脱传统群体学习进度不同的影响，而这需要借助一个既舒适又开放的信息化和数字化自主学习环境来实现。在这种环境下，学生才能够依照自己的实际情况，制订学习计划，直至完成学习任务，达成学习目标。

（三）高职公共英语慕课教学模式的建构

1. 教学管理

在高职院校中，公共英语慕课教学模式是一种集成了线上与线下学习的综合教育方式。该模式具体实施方式如下。

利用英语慕课平台开展在线视频教学，在视频课程学习完成后，学生还可以利用平台与其他学生或教师进行交流，以及与同伴进行作业互评；在线下，教师则可以利用充足的课堂时间，与学生开展视频教学以外的教学活动，对于视频课程没有涉及的部分或者是疑难问题，教师可以通过引导等方式，让学生得以解惑，并加深对自学部分知识的理解。也就是说，公共英语课程总体由线上自学与线下授课两大部分共同构成，其中线上与线下的学分比例设定为2：1，学时分配同样遵循2：1的比例。每周的学习时间被细分为6个学时，即学生需在英语慕课平台上自主学习4个学时，在教室参与学习2个学时。

对于高职公共英语教师而言，慕课的普及和发展既是挑战也是机遇。这要求教师正确理解信息时代下的慕课教学模式，并积极适应这一趋势。著者所在学院，选取的是混合式教学模式来开展公共英语慕课教学。在慕课教学模式下，校方要求院校内的公共英语教师均要以团队合作的方式参与慕课建设。各位公共英语教师在团队中，可结合自身特长，选择适合自己的工作。总的来说，教师可分成主讲团队和辅助团队两部分，主讲团队由负责视频授课内容的主讲教师、线下负责管理和班级授课的小班责任教师，以及负责在线解答疑问的在线答疑教师组成，辅助教师主要辅助教务工作。另外，院校还要指定专人负责慕课建设团队工作的统筹、监督和评价。

2. 教学流程

与本科院校的学生相比，高职学生的英语基础较差，所以公共英语课程对于他们来说难度较大。因此，高职院校在开展公共英语慕课教学时，需充分考虑高职学生的英语基础水平和学习能力，例如线下教学，一周可安排一次小班教师面授和一次讨论课程，讨论课主要针对本周所学课程进行交流，而在这两节课之外的时间，可由学生自由选择适合的时间来观看线上授课视频。英语学习活动则由学生自主报名组建班级，每班规模控制在25人左右，学生严格遵循规定参与课堂讨论。在评价高职学生的公共英语课程学习成果时，应侧重考查课堂互动质量和成果演示，这意味着学生不仅需具备在线独立学习的能力，还应积极参与线下的英语教学互动（见图2–2）。

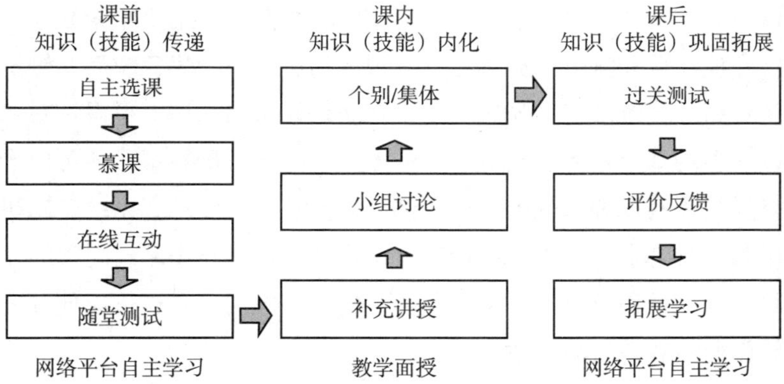

图2–2　公共英语慕课教学模式

（1）流程一：课前知识（技能）传递

挑选或开发恰当的教学材料：在确定教学材料前，公共英语教师必须先评估学习单元的目标及学生的特点，并对知识要点进行细分，进而创建或选取能精准匹配教学目标与教学内容的慕课课程资源。这些资源应该以时长在5~15分钟的短视频形式呈现，有助于学生的专注力保持。作业及测验应确保难度适中、题目数量合理：过高的难度可能会挫伤高职学生的积极性，而过于简单的题目则可能因缺乏挑战性而无法激起他们的思考热情。

观看慕课视频：学生可从慕课平台上获得用于线上学习的短视频，这些视频通常会插入一些与本节课内容相关的小测试，这些小测试出现的时间并不固定，因此，不仅可以进一步提升学生的注意力，而且能促进他们主动思考与学习，从而加深对知识点的理解和记忆。高职学生可以自由挑选在线学习的地点，无论是宿舍还是学校电脑室都是不错的选择；此外，他们还可以根据个人的学习效率高峰期来自由安排学习时间，并通过控制视频反复观看不理解之处；最终无法自行消化的部分，还可以记录下来，到线下课堂与教师和同伴进行交流。

在线互动：高职英语慕课教学平台不仅能够为学生提供学习课程所需要的短视频，而且具有互动功能。借助此功能，学生除了能够与校内的教师和同伴展开沟通与协作，还能与全球范围内的学习伙伴进行交流，以此来扩宽视野、体验多样化的思考模式。通过平台，学生能与教师和同伴共享学习感悟，进而深化对知识的理解。

完成随堂测试：除了视频课程中随机出现的测试外，高职公共英语慕课平台还会结合课程内容为学生布置作业和小测试，学生结束视频后，需要独立完成作业和测试。测试题以客观题为主，在学生完成后，测试的评判工作将由课程系统自动完成。学生在获得评价结果后，可以针对自己没有正确解答的部分，通过回看视频的方式来寻求正确答案，还可以操控进度条来反复观看以加深理解。作业部分则侧重于主观题，系统会随机将学生分组[①]，小组划分完成后，小组成员采取互评的方式评判同学的作业完成情况。这一过程可以促使学生复习先前学习的内容，也可以使其通过评价同伴作业而获得新的认知。

（2）流程二：课内知识（技能）内化（英语教师面授）

课堂知识的内化，以任务驱动法为理论指导。任务驱动法的核心在于以任务为核心线索，教师扮演引导角色，学生为学习主体。这种方法能有效提升学生的参与度，强化他们的探究知识能力，以及与其他学生合作开展学习活动的能力，进而实现知识的有效构建，并实现以下目标。

补充讲授：受实际情况的限制，并非所有的高职院校都能够自行建设慕课资源，因此，部分高职院校所使用的慕课平台所提供的视频教学资源，可能存在与院校自身的公共英语教学内容及目标不符的情况，所以，对于这些不相符的部分，需要教师在线下授课时进行有针对性的补充讲解，让学生更全面地理解课程知识。

确定任务：这一步骤主要由公共英语线下授课教师来完成。教师需要

① 毛帆陵. MOOC视阈下高职英语OTO教学模式研究［J］. 湖北函授大学学报，2016，29（8）：133-134.

结合高职学生在慕课平台上的学习进度、测评情况及公共英语本部分课程的教学内容、目标、重难点，设计若干学生需要完成的任务。任务的难度至关重要，难度太低缺乏挑战性，无法提高学生探索的积极性；难度过高，会打击学生参与的积极性。在任务设计完成后，教师可结合学生的英语水平、学习进度、学生自身意愿等因素，将他们分成人数为5～7人的若干合作学习小组。小组组成后，由组内成员自行讨论选择任务。如果某个任务被多个小组同时选择，可将自主权完全交给学生，由他们自行进行协商。

任务探究：任务选择完成后，小组成员可自行进行任务的划分，然后通过自主讨论和探究的方式来完成任务。若任务的组成部分较多，还可将其进行拆解，然后根据组员的能力进行分配，对于分配的任务，组员可独立开展探究活动；若任务不宜细分，则每位成员均需对整个任务进行独立探究，然后，通过各种交流方式，与组内其他成员开展合作探究。在这一过程中，学生在公共英语教学中的主体地位得以充分凸显，他们不仅通过独立思考提升了自己分析问题和解决问题的能力，还通过合作环节培养了自己的创新思维和批判性思维，提升了自己的人际交往能力。

成果展示：这一步主要由学生展示借助于慕课学习平台进行学习及任务探究所取得的成果。成果展示仍然以小组为单位进行，可由每位成员分别展示，或者选择代表进行展示。

（3）流程三：课后知识（技能）巩固拓展

通过前期两阶段的教学，高职学生已初步掌握了高职公共英语课程的核心概念与理论框架，满足了课程的基本要求。若学生能在高职英语慕课在线平台中成功通过技能评估与达标测验，即视为获得该课程自学模块的学分。公共英语教师依据学生的学习表现进行评价，并将优秀的学习成果以视频或PPT形式在平台上分享展示；同时，收集并整合与教学主题相关的进阶学习资料，设计额外的挑战任务，激励有能力的学生深入探索，以此促进学生对知识（技能）的深化理解和拓展应用。

评价反馈：与传统教学模式中完全由教师进行评价不同，慕课模式下，高职公共英语的教学评价由教师和学生共同完成。主要评价点为：学生借助慕课平台进行自主学习的情况、课堂任务探究表现及小组探究成果等。这一过程并不是教师的一言堂，而是学生与教师、学生与学生共同参与学习的过程，通过过程汇总的交流，学生能够进一步将知识内化。而对于公共英语这门课程的总结性评价，将由教学评价结果及慕课平台上的评价结果共同组成。

3. 教学理念

慕课在国内的普及时间相对较短。尽管国内教育体系持续强调推进信息化教育，但传统板书教学方式对于资深英语教师来说已经根深蒂固，转变起来较为困难。相比之下，年轻教师在求学期间已熟悉多媒体教学，故对慕课教学模式持开放态度，因此易于掌握现代教育技术。然而，这部分教师因教学经验有限，往往仍倾向于采用传统的单向灌输等教学模式，这类教学模式往往忽视学生的主体地位，将教师视为教学活动的主体，易导致学生缺乏学习的主动性，学习效果不佳。随着慕课的兴起，教师应设计适应慕课平台的课程，利用趣味性的在线学习方式来激发学生英语学习的兴趣。

第三章

适合职业能力培养的
高职公共英语教学方法与策略

一、任务型教学法的应用

（一）任务型教学法的特征及应用模式

1. 任务型教学法的特征

当前，在高职公共英语课程教学中，任务型教学法逐渐成为一种重要的教学方式，具体来说，它具有如下特点。

一是坚持以学生为中心。任务型教学法最大的特点是“以学生为中心”，强调了学生在学习中的主体地位。它以对学生进行思维能力训练为中心，引导学生打破常规的思维方式，从而提高学生的思维能力水平和应变能力。在进行具体的任务设计时，教师需充分考虑学生的基础水平和素养[①]，使学生能融入课堂的实际操作，充分发挥学生的主观能动性，激发学生的学习热情。

二是发挥教师的主导作用。在任务型教学法中，教师起到主导作用。在具体的英语教学任务中，教师需充分调动学生对英语学习的浓厚兴趣，使其始终具有较强的学习动力。同时，公共英语教师亦需重视对学生逻辑思维能力的培养，通过设置任务、提出问题等方式，引导学生活跃思维，多进行思考，以此提升个人能力，并将所学的知识应用于实际。

---

① 王芳芳. 任务型教学法在对外汉语初级口语教学中的应用研究［D］. 沈阳：沈阳师范大学，2014.

三是重视实践教学活动。英语教学的实质就是英语的实践过程。在高职院校的公共英语教学中，听、说、读、写是最基本的学习模式[①]，而在任务型教学模式下，学生在听、说、读、写的能力培养方面各有侧重。但是，只有经过大量的实践性活动，学生才能正确地领会到语言所要表达的意义，从而取得更好学习的效果。

四是重视交流。学生学习英语是为了最终能够运用它进行交流。在高职阶段，公共英语的学习，主要通过基础的听、说、读、写等方面的训练，使学生掌握一些基本的交际技能和一定的英语知识，让他们能够使用英语来表达自己的想法，为以后更深入的学习打下坚实的基础。

2. 任务型教学法的应用模式

多种理论共同构成了任务型学习法的理论基础，具体包括语言习得理论、建构主义理论、互动理论等。在课堂开展具体的教学活动时，教师需要一定的任务型教学法应用模式。通过此应用模式，教师能够将教学目标和教学任务有机地联系在一起，并将其贯穿于整个任务之中。另外，在学习过程中，通过应用模式，可以使学生更好地理解学习过程中所要完成的任务，并在完成具体任务的过程中，不知不觉地掌握语言的知识及语言的应用。任务应用模式有较多的种类，在此，著者着重分析以下三种不同的学习模式——埃利斯（Ellis）模式、互动合作模式和威利斯（Willis）模式，并通过对埃利斯模式、互动合作模式进行剖析，发现两者各自的优缺点，进而解释威利斯模式相较两者的可取之处。

（1）埃利斯模式

埃利斯模式强调在英语学习过程中不但要注重结构，还要强调英语教学中其他结构形式及由此衍生的意义[②]。从这个视角来分析，教师在设计英语课堂任务时，需以学生的个体需求为出发点，使学生在英语的学习过程中占据主体地位。课堂任务的执行本身就是学生语言学习的过程。因此，教师不应仅仅凭借学生的考试成绩来评价教学效果，学生的任务完成情况同样是衡量英语课堂教学效率的重要指标。在埃利斯的教学模式中，

① 张庆. 任务型教学法在高职院校语言教学中的运用［D］. 哈尔滨：黑龙江大学，2016.

② 冯小钉. 对Ellis第二语言习得理论框架的探讨［J］. 山西师大学报（社会科学版），1998（4）：84-86.

学生通过实际任务来学习语言，这是其另外一个显著的特点[①]。该模式强调激发学生的主观能动性，认为教师的角色更多是指导和支持，而非主导。第二语言的学习在埃利斯模式中并不仅仅局限于理论层面，而是以实际表达、沟通和交流为目的。这就需要学生展现出创新性和主观能动性，在确保语言素材真实性和情景模拟的前提下，将课堂教学与现实生活实践相结合。

在具体操作过程中，埃利斯模式的实施可概括为三个阶段：第一个阶段，激发学生对任务的认知，促使学生积极主动地参与语言学习；第二个阶段，学生通过小组协作的方式执行任务；第三个阶段，教师针对任务内容深入解析英语学习的关键点和难点。相较于传统的教学模式，埃利斯模式展现出了显著的革新价值，它有力地挑战并可能根除传统教学的局限性。该模式致力于提升学生英语学习的实效性，使学习过程更接近实际情境，增强语言交流功能；同时，它强化了学生的自主学习能力，有助于提高他们的语言运用技巧，从而有效地促进英语学习能力的培养。此外，埃利斯模式还能依据学生日常生活中的语言需求设计任务，从而有效提升他们在实际交流中运用第二语言的能力，这是其核心优势。然而，埃利斯模式并非无懈可击，它的主要缺陷在于过于强调学生的主体性和自主性，可能导致课堂任务实践中过度依赖自我探索，教师的引导作用可能被削弱，忽略了学生的自学水平这一因素。

（2）互动合作模式

在激发学生学习兴趣和培养自主学习能力的过程中，互动合作模式发挥着至关重要的促进作用。该模式起源于20世纪70年代初期的美国，由William Glasser首次提出，在20世纪70年代中期至80年代中期取得了实质性的进展。

互动合作模式更注重学生的互动交流，这也是这种教学模式与以往的教学模式的最大不同之处。相较于传统的“填鸭式”教育方法，互动合作模式显著提升了教育成效。这一模式的核心在于其实用性和参与性，它倡导教师与学生、学生与学生之间进行动态对话，坚信教学过程应由教师与学生双方积极互动共同塑造。因此，在该教学模式中，不仅学生在教学活

---

① 张庆. 任务型教学法在高职院校语言教学中的运用［D］. 哈尔滨：黑龙江大学，2016.

动中的主体地位得以凸显，而且教师的引导作用也受到重视。由此可以认为，该教学模式是一种以学生和教师双轨交流为核心构建而成的教学模式。此种模式下的教学活动中，学生与教师的地位是平等的，学生可以毫无压力地与教师进行交流，与同伴进行协作。该模式可为学生提供不同的交流和互动方式，同时能为学生提供参与任务设计的实践机会，从而有效提升学生的语言掌握能力。

互动合作教学模式在中国的语言教学中已经应用了较长的时间，并有效地改善了传统英语教学中的一些弊端，提升了英语教学的成效。值得重视的是，该模式颠覆了以往英语课堂偏重理论知识传授的格局，转而强调实践与应用，使学生在语言学习中更具热情和活力；同时，它在一定程度上优化了语言课堂的教学效果。值得注意的是，该模式虽然强调教师和学生在任务型教学中的协作，但对教学流程和模式本身的重视不足，可能导致学生在实际操作中出现困惑。

（3）威利斯模式

威利斯在*A Framework for Task-based Learning*一书中提出了任务型教学法模式，即威利斯模式。威利斯模式具体给出了任务型教学法的可行性和实施过程中应该注意的事项，是目前非常值得推崇的一种任务型教学法模式。威利斯模式包括任务前、任务轮和语言焦点三个阶段[①]。

任务前：此阶段是任务型教学模式的启动阶段，同时是教学进程的核心环节。此阶段，教师借助数字多媒体技术，融合图片、文字、视频等多元素材向学生呈现具体任务，从而点燃学生探索任务的好奇心，有效激发其学习的热情。为达到此目的，教师在任务设计与情境构建上的策略显得尤为关键。教师可预先做好准备，引导学生回顾旧知识，然后通过创建分类的探究式任务来预热新课，使学生怀揣对新知识的期待投入新的学习。值得注意的是，任务前阶段作为信息输入的时期，教师需明确任务要求，供给实质性的语言素材，帮助学生复习既有语言知识，并详细阐述任务的具体内涵。

任务轮：此阶段在整个任务型教学法中属于关键性环节，互动合作成为师生及同伴间的重要活动。此阶段着重激发学生的主观能动性，鼓励他

① Willis，J. A Framework for Task-based Learning [M]. London：Longman，1996.

们独立探索任务、进行英语学习。同时，教师需发挥积极引导和监管的作用，确保任务得以高效执行。教师可以依据学生的人数、性别、语言技能、个人兴趣等因素进行分组，组织学生以小组形式执行任务，并设置记录员和汇总员等角色，以记录和整合各组的进展。在任务期间，教师应激励学生进行创新思考，运用所学知识解决问题。在整个教学过程中，教师的职责在于全面监控，适时引导，防止学生偏离主题，一旦遇到问题，应及时与学生共同探讨解决方案，从而实现卓越的协作互动。

语言焦点：经过前面两个阶段，最后进入了任务完成后的阶段，这个阶段主要是对任务的完成情况进行评价。此阶段的主要形式为学生小组汇报，各小组可以通过角色扮演或正反方辩论的形式来呈现他们的研究成果。此阶段的目标是引导学生深入探究语言，并对语言应用的正确性进行分析。同时，教师通过引导学生们探索与课题紧密相连的文献、图像及影视素材，鼓励学生将这些外部资源与自身创作的项目相联系，以攻克语言学习中的关键障碍，确保语言技巧的精准掌握与灵活运用。在此期间，教师应当着重剖析学生在执行任务时出现的语病，强化其对知识点的内化；学生则应该充分利用此阶段，向教师提出疑惑和问题，并辅助教师找出教学中的薄弱环境，进行自我评价，从而提高语言的学习能力。

另外，在前述三步骤之外，威利斯还提出了任务成果深化的环节。依据课题实质与教学核心，教师需设计配套作业，旨在深化学生对任务成果的理解。通过独立完成作业，学生不仅能够自主巩固对任务型教学中的语法规则与词汇的掌握，而且能够借助网络资源拓宽学习视野，丰富个人知识库，巩固个人的知识体系。显而易见，威利斯的模式融合了埃利斯模式的精华与互动合作模式的优势，同时深入解构了任务型教学法的操作流程。可见，威利斯模式不仅具备坚实的实践应用价值，而且在理论上具有重要意义。

在对比分析各类任务型教学策略后，著者认为威利斯模式及董红提倡的任务型教学法模式，更适用于高职院校的公共英语教学。

（二）任务型教学法对高职公共英语教学的借鉴意义

1. 输入为主的外语学习文化

在我国的英语教学体系中，教师一直都占据着主导角色，教学的核心聚焦于语言知识，主要通过讲解知识点，以及阅读的方式来进行教学，以积累词汇量为重要目标，从而形成了一种稳固的教育传统。这一传统的形成主要有两种原因：一是受国内英语学习环境的影响；二是受深厚的民族文化传统的影响。具体来说，在教育理念上，中华民族崇尚尊师重道；在课程内容上，强调知识与理论的传授；在教学方法上，倾向于讲解与灌输；至于学习方式上，阅读被高度重视，以读促学。从本质上来看，我国以往所采用的传统英语教学模式，是一种以输入为特点的学习文化，表现为教师单方面灌输，学生仅负责接收，相互之间缺乏互动。以知识为中心是这种英语学习文化突出的特点之一。无论是教师、教材、教学方法，还是评价机制，都在有意无意间强调知识的传授。

在教学活动中，教师将自我的角色定位为传授英语知识的一方，并运用示范、阐释、分析、对比、归纳及翻译等手段，以灌输的方式为学生讲授英语语法、词汇、阅读、写作，以及与英语发展相关的历史、文学、文化等方面相关的内容。在授课过程中，教材被教师视为授课的基础，是向学生输入知识的媒介与示范。而学生则被视作英语知识的接收器，在授课过程中，主要依靠“听”与“记录”来接收教师所讲授的内容，在课堂之下，依靠完成教师布置的作业、背诵课文、阅读教师布置的扩展内容等来完成知识的巩固。总的来说，由于多数学生学习英语靠的是死记硬背，教师对学生成绩的评判依靠终结性评价来完成，对于学生是否真正完成了知识的内化并不十分在意，且教师设计的考试侧重于评估学生掌握语言知识的程度、深度或质量。然而，这种以输入为主导的英语学习文化，最终往往导致学生掌握的只是与英语相关的一些知识，而不能够运用英语去进行交流，缺乏实际语言运用能力。学习任何一门语言，最终的目的都是为了用其进行交流，学习英语的最终目的不是知识的掌握，而是在“知其所以然”的基础上，在实际中去运用它，即从理解英语是什么，到熟练运用英语进行交流。如果缺乏实践，学生所掌握的英语知识并不会直接变为应用技能，因为技能的培养需要通过实践而非理论传授，无法仅凭知识的理解与记忆来解决。由此可见，以往在英语教学中采取的这种以输入为主的学习模式，在理论上和实践中均忽视了技能培养的重要性。

以往，教师在教育过程中占据主体地位，并带有权威性，他们讲解教材，阐释词汇、解析文本、评价对错，这导致了许多本应由学生自主完成的任务被教师一手包办。因此，学生陷入被动，逐渐形成依赖性和等待输入的学习模式。相比于其他知识类课程，在英语课程中，学生虽需参与回答问题和做笔记，但这些问题往往局限于事实复述或理解测试，依旧反映出一种被动接受的状态。学生虽然可能具有交流需求和动力，但缺乏相应的实践环境。与外在的因素相比，在学习上，自我能动性比外力的推动对于学生学习水平和能力的提升更具有决定性作用，也就是说，在英语教学中，提升教学成效的关键不在于教师怎样去“教”，“教”属于外力，而在于学生如何去“学”，学才是内因，是核心。如果学生只是机械地被输入知识，而缺乏通过实践运用知识这一个加工的过程，导致学生无法深入地理解英语知识，也无法运用其进行交流，那么，英语的学习只能算是完成了一半。

不可否认的是，学生在学习英语时，不能缺少有效的输入，否则英语的学习将如无根之木。大量的目标语言接触是语言习得不可或缺的因素，然而，也需要正视的是，以往的英语教学对输入的理解存在两个显著的局限性：第一，过于聚焦于英语知识的传授，且英语知识的输入多采用脱离实际应用情境的、僵硬死板且静态的方式，输入方式具有片面性，无法真正推动学生英语学习的进步；第二，过度重视输入且轻视输出，即过分注重传授英语知识，主要考查学生的接收与记忆情况，却忽略了对于英语实践运用能力的考查。在教学实践中，教师往往忽视与知识相关的教学情境的构建，使学生缺乏锻炼英语运用能力的环境和机会；同时，教师与学生都倾向于优先掌握语言形式和积累词汇，而将应用能力的培养放在了次要的位置。然而，英语学习的核心目标是培养学生的实际交流能力，知识的学习只是手段，而非目的本身。仅凭记忆的语言知识属于陈述性知识，唯有通过不断实践，经过大量具有一定目的性且具有意义的任务，学生才有机会将自身所掌握的知识内化，并培养出运用英语进行交流的能力，也就是说，实践才是学生将知识转化为能力的最有利途径。因此，英语的学习，不应仅停留在掌握知识这个阶段，也就是输入阶段。

2. 重视输出的外语学习文化

在西方国家，输出型的外语学习文化占据主导地位，这种学习文化与输入型学习文化最显著的差异是更注重语言的运用和产出。在这种学习文化中，语言的运用被视为关键，它能将学生已掌握的语言资源转化为实际效益。西方外语学习文化高度重视语言的实际应用，将其视为学习的核心，认为这有助于学生在应用过程中发现遗忘、不足、错误之处，甚至帮助学生达到成功，从而激发其学习动机，明确其学习目标。在西方的教学理念中，课堂学习应以社会行为目标为导向，因为此类激励与激发元素能够唤起学生成为对社会有用的人的内在动机，让学生主动发展自己，使自己能够满足社会对人才提出的各项要求，确保课堂的教学目标和社会行为目标相统一，并且让外语学习的输出和输入呈现均衡的状态。在这些因素的作用下，学生对于外语学习的态度就将从消极转向积极。为了实现这样的教学效果，除了在语法、词汇，以及听、说、读、写等各个方面的单独训练中注重实践外，西方教育还推崇综合性的输出运用，较为典型的就是任务型教学法。这种教学法注重对学生实践能力的锻炼，强调通过构建任务情境，让学生得到充分的知识内化及外语运用能力提升的机会，使学生能够在互动交流中掌握外语交流的技巧。学生在探究任务的过程中，不仅能够理解和运用外语及交流知识，还能够同时锻炼自身的听、说、读、写等基础性的语言能力，以及与他人沟通、协商、交流、协作等交际能力[①]，达到学以致用的目的。

在传统教学中，教师和学生之间的关系类似于知识的教授方和学习方的关系，而依托任务型教学法开展教学时交际、协作、互动等新型师生关系更受重视。在这种教学模式下，借助于任务的开展，教师与学生将共同融入一个以语言交流为核心的情境之中，教师既是交际活动的参与者，也是该活动的发起者。此类教学活动依托于贴近实际生活或职业场景的任务，引导学生使用语言解决问题，进而逐步提升其语言运用技能、沟通交往技巧，以及团队协作、社会适应等多方面的能力。

从以上分析中能够发现，强调输出的外语学习理念旨在推进课堂的社会化进程，让交流活动更贴近现实，更具有真实性，以确保外语应用的全面性、深度、多样性和变通性。课堂社交化有助于激发学生的内在动力，唯有学生全身心投入、积极参与，并主动运用所学语言，才能顺利将知识转化为技能。

---

① 韦婧. 任务型教学在普通高校英语教学实践中的利与弊［J］. 考试周刊，2010（36）：117-118.

任务型教学法提倡“做中学”的理念，侧重于通过实际操作来运用语言。该方法以学生为主体，以具体任务为导向，秉持“表达意义优先、解决交流问题为重、完成实际任务为核心”的原则，着重强调语言的实际应用，倡导在真实的交际情境中提升学生的语言运用技能。这种模式体现了对语言输出的重视。简而言之，如果能恰当地实施，此方法能有效弥补以往传统教学以输入为主的不足，从根本上提升学生的语言运用能力，赋予英语教学以全新的面貌。

（三）高职公共英语教学实施任务型教学法可行性分析

推崇任务型教学方法是否必然排斥其他方式，甚至将任务型教学与传统方法对立，视之为非黑即白的选择呢？为了给这个问题找到一个公正且理智的答案，需要全面审视以下几个因素。

1. 语言学习环境与条件的重大差异

任务型教学的起源和发展源于特定的背景。西方社会作为这一教学法的摇篮，推崇任务导向教学法的学者大多来自将英语作为正式语言的国家或地区，具有代表性的如努南教授，主要在澳大利亚开展研究；帕布教授在印度和新加坡留下了足迹；威利斯则主要在英国进行学术研究。并且，这些学者的教学对象是已经生活在目标语言语社会的学习者，即这些教学对象为把英语作为第二语言的学习者，这些学习者所在的国家将英语视为仅次于官方语言的第二语言。对于这些学习者来说，第二语言是他们在社会上发展的必备技能，必须用第二语言应对日常生活中的种种挑战，以及满足个人发展的需求，所以他们学习这种语言的动力很强。在语言学习动机研究领域中，这种基于实际需求的学习动力，被称作融入性动机[①]，简单来说，学习这种语言的目的，是满足自身融入社会的需求。这种动机推动着学习者投入语言学习。由此可见，任务型教学法在满足学习者的目标需求方面，表现出了极高的重视，无论是从任务的设计还是实际操作层面来看，都强调通过语言应用解决学习者现实生活中的交流难题。

① 周美霞. 浅谈任务型教学在我国基础英语教学中的定位［J］. 武汉市教育科学研究院学报，2006（5）：23-25.

但是与将英语作为第二语言的学习者不同，将英语作为外语来学习的学习者，身处非目标语言语环境，很少将参与目的语国家的政治与经济活动作为学习目标。这些学习者学习外语，更多的是为了通过学习阅读外文图书或收集信息资料来提升自己，因此学习缺乏融入性动机，与上一类学习者相比自然缺乏迫切性。尤其在中国，在校学习者是学习英语的主要群体，这部分学习者开展英语学习活动，最终目的是在考试中取得较好的成绩。可以认为，这些学习者的学习动力属于一种外部的工具性动机。另外，中国的官方语言是汉语，除了一些工作需要外，一些完全需要用英语交流的场合并不多见，且在实际生活中，很少存在适合英语学习的语言环境，对于学生来说，自然无法在真实环境中习得英语。所以，英语学习环境的缺失已成为讨论中国英语教学问题时的一致观点，也是将英语定位为外语而非第二语言的关键特征。

2. 任务型教学本身的局限性

经过分析，著者将任务型教学法的局限性总结为四个方面：①对语言学习过程的理解过于极端；②任务挑选的任意性；③应用领域的有限性；④评价标准侧重于任务完成，缺乏独立的专项测评。从第一个方面来看，该教学法的核心观念是认为教学不应预设特定的学习目标，而是应致力于为学生创造真实的语言情境和交际机会，期望他们在情景交际中自我提炼语言系统。然而，对于并非将外语视为第二语言国家的学生来说，在学习外语的过程中，很可能无法接触到该门外语的真实习得环境，也无法大量且真实地接触该语言。而针对第二个方面，其显著问题在于缺乏明确的任务难度分级和排序指导，这使得实际操作中的任务选择缺乏系统性，这可能引发教学流程的紊乱，进而影响任务型教学法的有效性。至于第三个方面，现有的任务型教学实践案例多见于学生的目标语言掌握水平已较高，且具备相当的英语读写能力的情况下，这限制了该方法在初级或中级语言学习阶段的广泛适用性。第四个方面，在任务的评价上，更注重任务的完成结果，不再进行单独的专项测试，此种评价方式，会让评价结果不够全面。

3. 语言学习过程的认识

在探讨语言学习的过程时，著者基于个人多年的英语学习与教学经验，较为赞同托姆林逊的见解。他将语言学习定义为一个“领悟过程”，认为根据学习方式的不同，其包含了两种截然不同的类别：直接学习和隐性学习。第一种类型的学习对象包括掌握语言的基本规则、新词汇及用法等，具有显性特征，表现为在领悟过程中，学习者清楚地知道自己学习的具体内容和时间、地点等。第二类的学习，具有隐性特征，它是与潜意识有关的，与第一种学习相比，学习者往往并不能够清晰地意识到学习的具体内容和时间、地点等，例如，应该如何运用语言方面的知识，这种知识靠学生自己去体会、概括和归纳。简单来说，明确的语言知识属于“显性知识”，而运用语言的知识则属于“隐性知识”[①]。托姆林逊提出，交际能力的形成往往是显性知识和隐性知识共同作用的结果。学生对于显性知识的学习，是一种有意识和有目的的输入，这是领悟的接收阶段；学生对于隐性知识的学习则主要表现在输出阶段，这也是领悟的内化和应用阶段，在这个过程中不可避免地会存在无意识的输入[②]。实际上，“领悟过程”包括语言知识的传授、语言技能的学习与习得。通过以上分析可以看出，在当前的外语习得过程中，显性知识与隐性知识构成两个不可或缺的环节。同样地，如果换个视角，从输入语言学习文化和输出语言学习文化来看，无论是单纯注重语言输入而忽略输出，还是只关注输出而忽略输入，均无法实现外语学习的真正目标。理想的外语教学方法应当是输入与输出的完美结合。然而，任务型教学法往往过分强调语言表达的深层含义和流畅度，也就是更加注重隐性知识的掌握，忽略了对显性知识的深入学习。虽然威利斯的教学模式包含了设计提升语言感知能力的活动，但是著者认为这对以英语为外语的学生效果可能是有限的。

4. 语言知识学习的必要性

在将英语作为外语学习的情况下，对于语言知识学习的重要性，国内外众多学者已进行了广泛的探讨。在谈及将英语作为第二语言和作为外语学习的区别时，斯特恩表示，将英语作为外语学习通常需要更多正规的教学和其他措施以弥补语言环境的不足。与此形成对比，将英语作为第二语言，由于其在环境中的广泛使用而常常能够在不经意中习得。

我国著名语言学家胡壮麟教授对此也发表了自己的看法，他认为从发

① 魏永红. 外语任务型教学研究［D］. 上海：华东师范大学，2003.

② 贺莉. 俄语学习策略的实证研究［D］. 长春：东北师范大学，2011.

展路径的角度审视，英语运用准确但表达不顺畅的学习者，在频繁与英语母语者交流后，其英语表达能力会逐步提升至流畅水平；然而，对于那些表面上看似英语表达流畅但错误频出的学习者来说，仅凭自我学习，很难实现提高准确性。这是因为他们在错误的表达习惯中形成了固定的思维模式，即使有人指出错误，若他们自己不认同，也难以改正错误。

综上所述，著者认为，任务型教学作为西方语言学习文化中强调产出导向的教学模式，其借鉴对于革新我国传统的英语课堂教学具有重要价值。然而，必须认识到，我国英语学习环境的独特性——将英语作为外语而非第二语言，与西方国家的英语学习环境存在显著差异；加之任务型教学自身的局限性和问题，在借鉴时，应聚焦于其核心理念与合理成分，促进其与我国传统英语教学方法的融合，实现优势互补，而非简单的表面模仿。在这一过程中，需要深入理解任务型教学的精髓，结合英语教学的实际需求探索适合本土的教学策略。这不仅有助于提升英语教学效果，还能培养学生的语言实际应用能力，使学生在跨文化交流更加得心应手。因此，对待任务型教学，应当采取一种批判性吸收的态度，既不盲目排斥，也不全盘接受，而是以开放的心态，寻找最适合我国国情的英语教学之路。

（四）任务型教学法在高职院校公共英语教学中的实施

高职院校英语教学的核心在于培养具有高水平英语应用技能的专业人才。为此，教学目标需聚焦于功能性与必要性，强调英语的实际运用能力。由于高职院校英语教学肩负着让学生从英语基础知识学习过渡至英语实践应用的重任，因此不应局限于传统的知识传授，而应注重从现实生活场景出发，引导学生掌握专业领域内的英语应用技巧。高职公共英语教学的宗旨在于强化学生的语言基础与语法能力，同时培养其阅读、理解、分析及翻译相关文献的能力。这一过程旨在为学生未来职业生涯中的英语运用打下坚实的基础，使其能有效应对工作、生活、学习及社交场合中的各种英语需求。与普通高等教育及初高中英语教学相比，高职院校的英语教学更侧重于应用性和功能性，旨在满足学生具体的英语技能需求。所以，高职院校英语教师在实施任务型教学法时，应明确教学的最终目的是提升学生未来的英语综合运用能力，而非仅仅追求通过标准化考试。在高职公共英语教学中采用任务型教学法，能够有效促进学生在真实任务情境下的语言实践与应用，激发其对英语功能的认识，进而持续提升其英语应用水平。因此，在开展公共英语教学时，高职院校应充分利用任务型教学法的优势，切实提高学生的英语实践能力和应用能力，以适应社会对高素质英语应用型人才的需求。

任务型教学法的实施流程如下。①任务前期规划。以实际情境或特定主题为基础构思任务，例如模拟商店服务交互或构建日常情境。设计时应侧重于其实用性和交流功能，确保任务贴近现实生活。②任务执行阶段。教师在此阶段发挥指导作用，采用多种活动形式，积极提高学生参与任务的积极性，并在任务中给予学生自主权，让学生成为任务的核心。活动形式可以选择角色扮演、游戏等，促进学生迅速融入角色，通过团队协作增强学生应用英语的能力。③任务后期反思。这一阶段先对任务展开评价。评价参与者除了教师以外，学生也包括在内。在课堂教学结束后，教师会对课程中的要点进行梳理和总结，并鼓励学生进行课外练习，同时自主收集相关学习资料以深化理解。

下面著者以“Unit 6 How to Make Everybody Happy”为例，分析任务型教学法的具体应用。

1. 任务前：创设情境，布置任务

在开始具体的任务之前，教师需精心设计情境，确保任务来自现实生活，以最大限度地模拟学生们日常的交际环境。首先，引导学生阅读相关文献以做预备；接着，教师在布置任务时，应激发学生运用口语探讨人际交往在日常生活和工作中的方法。具体操作流程如下。

（1）步骤一：创设情境，引出任务

在这个步骤，英语教师可以提出一个能够引起同学注意的问题，例如，“How to greet your friends”，同时可以结合PPT等，让学生看到自己认识的人，以及熟悉的场景。这时，学生也许会回答：“Hey！ How do you do?”通过一问一答，将学生的注意力集中起来以后，教师就可以接着引入下一个问题“Do we often make greetings to acquaintances”，这时，学生们异口同声地喊道：“Sure！”根据学生们的回答，教师可以给出最终的总结：“Yes. Today we will talk about the different between the foreign country and China.”通过两个问题的提出，教师完成了学习情境的创设，并由此快速地激发了学生的学习激情，接下来，就可以开展步骤二。

（2）步骤二：选定主题，分派任务

教师在确定了打招呼这一主题后，还可以进一步解释这个主题。而针对选定的主题，学生可以从过去的知识系统中搜寻与之相关的词汇、话语等来对其展开分析，从多个角度进行素材的整合。在学生完成素材的整合后，教师可以结合学生所表达的内容再选择几个主题，作为任务分派给学生。在这一过程中，教师主要通过主题的选定，唤醒学生脑海中已经存在的知识，让学生清楚地知道下一步要做什么，从而迅速地融入情景。

（3）步骤三：阅读原文，熟悉任务

现在高职院校所使用的公共英语教材，在讲述某个知识点时，通常会给出一篇例文。在“任务前”这个阶段中，教师可引导学生对例文进行阅读，同时结合课后的问题开展探究活动，从而为接下来任务的开展和完成打下基础。

2. 任务中：关注话语意义，用地道语言交流

在进行实用英语的口语学习时，教师应着重关注的是，采用任务型教学策略，不仅要激发学生的“说话意愿”，更要培养他们的“有效表达”能力。在“任务中”阶段，提倡以小组协作的形式，让学生们互相操练“How to greet”的内容，并对同伴提出的问题作出回应。值得注意的是，教师运用这种教学方法的宗旨是从实际应用的角度提升学生的口语交际技能。因此，在指导学生执行任务的过程中，教师需密切关注学生语言表达的含义是否准确。同时，从跨文化交际的视角出发，教师应留意学生口语运用的恰当性和地道性，以推动学生在“任务中”形成符合交流规范且地道的语言习惯。以下是具体的实施步骤。

（1）步骤一：教师辅助

教师可以梳理出在本次任务中需要展开讨论的相关话题，并在黑板上罗列出来，促使学生迅速融入互动环节。在此过程中，教师在挑选话题时务必以实际性为准则，力求使学生理解课文中所有语句所适合的真实场景。这样一来，在小组讨论时，学生便可以试着解答教师所列出的话题。

（2）步骤二：教师引导与监督

在此步骤中，教师需明确自己的角色定位，意识到自己所起到的应为引导与监督作用。在开展任务探究时，教师首先应按照学生的实际学习情况、学习水平及自身意愿等，将学生划分为若干小组，当学生开始对任务进行探究、展开话题讨论时，教师应在场内来回巡视，以随时对学生进行指导，确保任务顺利进行，同时给予学生鼓励，协助他们进行交流。在小组互动中，学生应注重精准运用英语词汇，确保语句流畅，并对句子的意义进行深入理解，在实现直接且高效的交际效果的同时追求语言表达的地道性。

（3）步骤三：教师指派

教师可指派每个小组的一位学生担任记录员，其职责是在小组成员以英语阐述观点时，精确记录组员的任务完成状况。此外，记录员还需及时记录下小组在执行任务过程中遇到的问题和挑战。

（4）步骤四：成果展示

在任务终期，每个小组需推举一位组员上台展示成果，围绕教师所设计的话题进行展示。在展示过程中，教师应着重指导学生使用连贯且准确的语言进行表达。

3. 任务后：师生互评

在任务型教学实践中，教师与学生之间的互评环节同样至关重要。其一，教师应该对学生的任务完成情况进行细致的评价，及时指出并纠正学生在口语表达中的语法错误；其二，在这一环节中，学生也能够通过复查教材内容强化已学的语法规则；同时，课外作业也能促进学生更深入地理解和感知英语的语感。

（1）步骤一：教师评价

教师与学生互动，对学生任务的完成情况进行评价。在这一步骤中，教师完成评价后，还可让学生以小组为单位，对所在小组的任务完成情况进行补充评价。此类评价互动，不仅能营造活跃的课堂氛围，还能让学生借此机会充分表达自己的观点，从而激发学生的学习兴趣和积极性。

（2）步骤二：教师纠错

教师明确本节课的语言学习要点，并及时纠正学生的语法错误。在步骤一之后，教师可采用引导的方式，让学生说出本节课的重点。对于学生在任务中出现的语法、词汇等方面的常见错误，教师应进行总结及予以纠正，并指导他们正确运用。例如，教师可以先引导学生记忆新词汇，而后，通过阅读课文加深对词汇、短语、句型的掌握。

（3）步骤三：知识拓展

布置作业，拓宽学生的知识视野。完成与课文相关的任务后，学生可能会沉浸在对课文相关内容的思考中。教师应抓住这一时机，布置与课文相关的作业，比如让学生上网搜索有关的话题和信息，并鼓励学生在课后进行交流分享等。

（五）任务型教学法在高职公共英语教学中的应用策略

1. 教师转变教育理念

（1）转变教育理念

国家对于课程改革提出了新的要求，因此，高职公共英语教师在开展教学工作时，应根据当前国家经济和社会发展的需要，转变自身的教育理念，实现学生的个性发展和全面发展，全面提升学生的语言应用技能。与传统教学方法相比，任务型教学法给予学生更多的学习空间，使学生能够根据所学到的内容进行内化；在话题的选择上，给予学生更大的自主权，使学生能够自由地阐明自己的看法。基于任务的教学方式，把语言的学习与语言的应用相融合，极大地提高了学生对于英语的学习兴趣。

（2）设计合理的任务

科学、合理的任务设计，既要遵循学生的认知规律，又要对课程各个方面的要素进行全方位的考虑，并与社会实践结合，这样才能够提高学生学习的积极性。在进行具体的任务时，教师首先需将任务目标、任务结果阐述清楚，同时，可以采用多样化的方式设计任务的形式和过程，给予学生一定的自主权，使学生在实际操作时不感到无聊。而设计活动时，不宜过于复杂也不宜过于简单，要结合学生综合水平选择适宜的难度，以学生通过合作和沟通并经历一定的挑战能完成为宜。简言之，在任务的实施过程中，一定要把学生放在中心位置，通过师生之间的相互沟通，实现信息的流通。

（3）提升自我素质

对于高职英语教师来说，任务型教学法标志着教学领域的革新与拓展，它超越了传统的授课模式，从教学方式、学习策略、教材解读、教学流程及成果评价等多个维度对教师提出全新的要求与挑战。在此框架下，教师的角色变得多元且复杂，教师既是课程的设计者，也是活动的参与者、学习的引导者，以及成果的评价者。任务型教学法强调教师应持续充实个人的知识库，以应对现代社会对语言教育的更高要求。为了达成这一目标，教师需在以下几方面不懈努力，全面提升自身综合素养。其一，持续自我进修，积极参与各类专业培训。教师应通过自主学习与培训活动，深入理解任务型教学法的核心理念，融合教育学与心理学原理，逐步塑造独特的教学风格。其二，深化教学反思，实现理论与实践的深度融合。反思是推动教师教学水平提高的关键之一，因此，在每次教学活动结束后，高职公共英语教师都应加强教学反思，针对教学中存在的不足之处及时进行改进，并勇于创新，努力让自己成为具有研究能力的英语教师。其三，在开展教学活动时，将理论知识与实践经验紧密结合，推动教学质量的持续提升。任务型教学法不仅要求教师掌握新的教学技能，而且促使他们终身学习，不断追求专业成长，以适应教育持续变革的需求。

2. 激发学生学习热情

（1）激发学生参与积极性

在学习这个事情上，内在动力的作用要大于外在动力，因此，在运用任务型教学法时，激发学生参与任务的积极性是关键，学生只有拥有了积极性和主动性，才能够配合教师使任务型教学法得以顺利实施，并取得成效。著者结合自身的经验认为，激发学生参与任务的积极性，最直接的方法是设计吸引学生兴趣的任务与话题。在确保具有一定挑战性的基础上，设计丰富多样的主题，促使全班学生都能积极参与教学活动。此外，教师需合理安排学生的角色分工，确保每名学生都能投身于教学实践，各司其职，共同协作完成任务。在这一过程中，学生不仅相互支持与合作，而且为任务的成功完成凝聚了力量。在达成共同目标的过程中，学生们培养了团队精神，感受获得成功的欢乐，进而更加积极主动地投入任务教学活动，形成良性循环。同时，在与同伴及教师的互动交流中，学生能更深刻地认识到自身的短板，唤起自我提升的动力，增强自学能力。

（2）营造轻松快乐的学习环境

在语言学习领域，绝大多数学者和专家都强调，应打造轻松快乐的学习氛围。以学生为中心的任务型教学法，其核心在于信任学生，给予学生自主性，让学生在轻松、欢快、自由的课堂环境中完成教师布置的任务。将学生划分为5~7人的小组，并在他们探究任务开展话题讨论的过程中，深入每个小组进行辅导，是著者在日常教学实践中最常使用的方式。

除分组对话题进行探讨外，多样化的实践性活动对活跃课堂氛围也具有重要作用，这些活动包括话剧表演、对话练习、故事讲述、角色扮演和游戏等。总之，所有有助于英语学习的形式都可以融入任务型教学法中，达成鼓励学生积极交流互动的目的，从而有效提升他们的交流技能。

（3）创建科学合理的考核机制

应试教育的评价体系使得考试压力成为驱动部分学生学习的重要因素。尽管如此，一些学生在语言学习上仍旧停滞不前，尤其是在听、读、写方面被过度强调的传统教育模式下，口语能力的培养往往被忽视。鉴于此，将任务型教学融入英语测试，特别是融入口语测试中显得尤为重要。这种“以考促学、以考促教”的策略旨在促使广大学生重视口语训练，从而构建起一个促进语言综合运用能力提升的长效学习机制。

3. 丰富教学资源

（1）编写丰富多彩的实用教材

随着任务型教学法的日益普及，教育部门积极倡导将其融入英语教学，促使相关教材也发生了改变。然而，实践中存在一些教材虽标榜任务型教学，但实质上并未达到预期效果的问题。鉴于此，深入调研地方需求，提升教材任务质量显得尤为重要。当前，许多英语教材中充斥着大量雷同的任务，这不仅浪费了宝贵的课堂时间，也削弱了学生参与任务的热情。因此，精简并整合教材中的相似任务成为当务之急。例如，将课后练习中的重复任务合并，既能优化课堂时间分配，展现更多样化的内容，又能促使全体学生更专注地投入任务，实现深度学习。

在面对新语言时，无论学生年龄大小，往往都会因遇到挑战而逐渐丧失学习兴趣。因此，激发学生的学习热情至关重要。从教材编写角度出发，添加与日常生活紧密相关的资料，不仅能辅助学生直观理解课文内容，还能有效提升其学习动力。同时，课后练习应多样化，引入更多实践性任务，如鼓励学生拍摄反映社会生活的照片或参与公益活动，以增强语言学习的实用性和趣味性等。

校本课程的开发，不仅能够紧跟社会热点话题，还能融合当地经济文化的独特元素，实现教育与社会的无缝对接。具体而言，校本课程可以围绕当地的历史遗迹、民俗风情等主题设计任务，提升学生的交际能力和对本土文化的认同感，从而达到双重发展的目标。

综上所述，通过精准设计任务、增强教材吸引力及强化校本课程，能够显著提升任务型教学法在英语教学中的实施效果，进而促进学生综合语言能力的全面发展。

（2）实施班级教学模式改革

根据专家与学者的研究，小班教学在增强学生学习效能和缓解教师压力方面表现出显著的优势。美国学者经过半个世纪的研究发现，当班级人数控制在约30人时，教师能有效地关注每一名学生，进而促进学生学习成绩的提高和自主学习技能的提升。任务型教学法强调学生的互动交流，多数活动以小组形式展开，这使得小班教学成为此类教学法成功实施的关键条件。审视我国当前高等职业院校的教学状况，大规模班级教学模式已成为推广任务型教学法的一大障碍。因此，改革班级教学模式，推进小班教学，已被确立为教育改革的重要方向。

（3）积极争取学校的大力支持

英语学习本质上是一个持续积累的过程，尤其在目前依然深受传统应试教育影响的环境中，推行任务型的英语教学方法无疑会遭遇多方面的挑战。在这种背景下，没有学校坚定的支持，实施任务型英语教学的理想将难以实现。任务型语言教学模式不仅对学生和教师提出了要求，而且对教育行政部门、行政人员，以及学生家长提出了自我革新的期望，需要转变教育观念，优化教学方法，并致力于学生能力的不断提升。

二、情境教学法的实践

（一）情境教学法的概念

情境教学法意在突出“情境”二字，《现代汉语词典》（第7版）将“情境”解释为“情景、境地”，强调外界环境因素的影响[①]；而《辞海》给出的关于“情境”的解释为“一个人在进行某种活动时的特殊背景，包括机体本身和外界环境因素”，意思是“机体本身”在外界环境因素的影

① 黄雅帆. 情境教学法在中职《酒店英语》课程教学中的应用研究［D］. 桂林：广西师范大学，2023.

响下活跃了思维，产生了情感、情趣等主观意念，即“情”，“外界环境因素”则是指客观环境或人为布置的特定场景，即“境”。这一概念揭示了情境的本质特征，即其必须是具体的、可感知的。心理学强调，情境作为一种直接刺激人类的环境，不仅具备生物学上的意义，而且在社会学领域具有重要价值。情境的独特功能在于其能激发特定的情感反应。比如，山野中的虎啸与公园内的虎啸，两者给人带来的感受截然不同，这充分说明情境是那些能够诱导个体情感波动的特定自然环境或社会环境。可见，情境是具体而直观的，无论是自然环境还是社会环境，都能直接影响人的心理状态并引发情感变化。

尽管目前对于情境教学的定义尚未达成共识，但对其核心理念的理解是一致的。著者认为，语言情境教学可定义为：在语言教学过程中，以达成特定教学目标为导向，通过引入、构建或模拟与教学内容相符的情境，点燃学生的求知欲，激发学生的情感反应，并使学生在轻松愉快的环境中有效地吸收新的语言知识。此方法同时可以促进学生的心理全面和谐发展，实现知识的获取、能力的培养及智力的提升，是一种将教学融入情境之中的综合性教学模式。

“情境”一词在情境教学中的含义深远，作为该教学系统的核心概念，它全面渗透并贯穿于整个教育教学过程中。它涵盖了外部环境，同时触及个体的内在心理状态，形成一种心理场域。不仅限于课堂之内，情境教学还鼓励将学生带入自然和社会的真实环境中，让他们在实际情境中感受、理解和反思。其应用不是局限于语言教学，而是可以延伸至各个学科领域。情境教学的功能多元化，既旨在激发学生的学术追求和求真精神，也致力于培养其美感、磨砺其品格、塑造其意志，并引导其追求善良与美好，以实现爱国主义教育、审美教育及道德行为的养成。总结来说，情境教学中的情境是复合的、多维的，且具有多重功能的①。

情境教学本质上以思维为导向，辅以情感互动，通过设计一系列贴近学生心理及生活实际的情境，智慧地融合认知与情感活动，推动逻辑思维与直觉思维的和谐发展，从而提升学生的思维素质。此外，该模式强调情境在教学全过程的渗透，利用情境作为媒介推动学生的全面发展，将文史

① 彭志敏. 情境教学法在旅游管理专业教学中的应用研究［D］. 长沙：湖南师范大学，2013.

的辞章句篇等巧妙地嵌入鲜活的情境之中，兼顾知识传授、人格塑造和能力培养。

情境教学以其独特的方式，以情感为桥梁，构建逼真的或模拟的教学环境，并以此驱动学生认知的进步和知识的构建。其核心目标是让学生在实际情境中运用并延展所学，进而创新知识，实现认知深化，体验精神层面的成长。

（二）情境教学设计的理论依据及原则

1. 情境教学的理论依据

教学与研究的精进，离不开理论的引领，高职英语情境教学同样遵循此道。脱离理论指导的教学，无异于盲目航行，容易过于随意。基于国内外丰富的教育理论积淀，结合我国高职英语情境教学实践经验，著者归纳其理论支撑如下。

（1）中外教育史的启迪

情境教学历史悠久，非仅为现代教育创新。追溯至我国古代，刘勰《文心雕龙》早有“情以物迁，辞以情发”之论，强调情感与环境的相互影响。近现代，王国维在《人间词话》中说，“境非独谓景物也，喜怒哀乐亦人心中之一境界”，揭示情境的多维内涵；叶圣陶在《二十韵》中倡导“作者胸有境，入境始与亲”，凸显了情境与创作、学习的密切关联。

外国教育专家亦不乏洞见。例如，美国哲学家杜威，率先将“情境”概念引入教育领域，主张“思维起于直接经验的情境”，视情境为教学法的核心要素。他强调，教学应始于情境创设，依此设定目标、规划课程，激发学生学习动力，执行教学计划，并据此评价成效。杜威倡导“从做中学”原则，即“从活动中学”“从经验中学”，坚信学生通过参与富有教育意义且具吸引力的活动，能有效促进个人成长。他指出，优质教育需激发学生思考，即培养明智的学习策略。杜威认为，缺乏思维引导，无法获取有意义的经验，因此，应构建利于思维培育的情境。

（2）寓教于乐的原理

情境教学的核心目标在于通过构建情境激发学生积极的情感反应，以实现愉快的学习过程，这便是所谓“乐学”理念。我国古代的教育家孔子高度重视情感在学习中的积极作用，这一点在他的思想中得以体现。在现代教育领域，“乐学”构成了情感教学的终极追求。同样，捷克的杰出教育家夸美纽斯在其里程碑式的著作《大教学论》中，明确倡导“乐学”理念，并深入阐述了这一思想。

（3）认知与情感相互作用的原理

情境教学在教育实践中能有效激发学生的注意力，并产生积极的情感反应，进而显著提升其学习主动性。通过生动而富有活力的情境设置及展示，能够提升学生的情绪兴奋度，有助于增强学习动力，促进知识的内化和巩固，将情感等非认知因素转化为认知能力。此外，情境教学模式在实践中，既可激活主管形象思维的右脑，又可刺激主管逻辑思维的左脑[①]，实现左右脑的协同运作，从而提升大脑的整体思维效能，进一步优化学生的学习效果。

情绪心理学研究表明：在认知过程中，个体情绪具有推动、调整等作用。推动作用体现在情绪对认知行为的助力或阻力效果上，也就是说，正面情绪能够激发并促进认知活动，而负面情绪则会阻碍和抑制认知进程。情境教学法旨在通过教学实践唤起学生正面情感体验，从而提升学生对学习的热情[②]，让学习过程变得主动且愉悦。情绪的调整功能，则表现在对认知活动的组织或破坏上，适中的、愉悦的情绪有助于智力活动的组织和执行，而情绪过于激烈或低迷，可能导致思维混乱和记忆障碍。情境教学法要求营造让学生感到放松愉悦的情境，以推动学生心理活动的全面展开和深入发展。实践证明，在欢快活泼的课堂氛围中，学生的情感高涨往往伴随着知识的深度理解和掌握，以及教学效果的优化。可见，个体情感不仅影响认知活动的动力水平，而且对其组织与调节有着不可忽视的作用。情境教学法通过激发学生积极情感，能够有效提升学生的学习动力，同时创造有利于认知活动深入发展的环境，充分体现了情感在认知过程中的重要作用。

脑科学研究结果表明，人类大脑的功能展现出左右两个半球的差异化协作与独立作业，左脑半球主管逻辑推理、理性判断与分析思考，涵盖了语言表达功能；而右脑半球则主司直觉感知、创新思维与想象能力，同时

---

① 张淑艳. 初中地理课堂中情境教学的研究与实践［D］. 上海：华东师范大学，2006.

② 管晓青. 初中生物课堂如何利用微课创设有效教学情境［J］. 新课程教学（电子版），2020（3）：125-126.

涉及情感的表达。在常规教学过程中，无论是教师的分析性授课，还是学生进行的单项训练，甚至机械记忆的背诵，主要激活的都是逻辑性强、情感参与较少的左脑半球。相比之下，情境教学法通常引导学生先体验情感[①]，随后用言语表达，或者在体验情感的同时激发内在语言的活跃。在体验阶段，主管具象思维功能的右脑半球较为活跃；而在表达阶段，左脑半球的抽象思维功能则被唤醒。如此一来，两个脑半球交替或同步活跃，有效地挖掘了大脑的深层潜能。因此，情境教学能在轻松愉悦的环境中提升学习效率，其教学成效显著优于传统方法。

（4）思维科学的相似原理

相似原理揭示了事物间的共性，作为一种普遍适用的理论，它构成了情境教学的基石。在情境教学中，形象占据核心地位，模拟活动应当以教材中的典型形象及教学需求为导向，同时，所构建的情境形象需与学生的知识背景和经验相契合。情境教学法主张在教学实践中引入或构建一系列引人入胜的场景，这些场景不仅丰富了学生的感知素材，使得他们大脑中的认知模块（知识单元）得以扩充，进而激发创新思维，而且有效锻炼了学生对相似性的理解和运用能力。

（5）智力与非智力因素统一

教学，这一复杂而精妙的认知过程，恰如其分地融合了智力与非智力因素，彰显了“晓之以理，动之以情”的教育真谛。在这一特定的教学场景下，人际互动的核心在于通过教师与学生之间的双向交流，构建起两条相辅相成的信息传递路径，即知识信息交流回路和情感信息交流回路。知识信息交流回路，承载着教学的核心内容，通过精心设计的教学形式得以展现；而情感信息交流回路，则聚焦于师生间微妙的情绪波动，借助言语、面部表情及肢体动作等多元表达，传递着深层的情感共鸣。这两条回路既独立又交织，共同塑造了教学的全貌，缺一不可。一旦任一回路出现阻滞，教学效果就将大打折扣。唯有确保两者畅通无阻，方能实现教学的理想状态，促进学生全面发展。实施情境教学，首要之举在于秉持“着眼于发展”的理念，全方位界定教学目标。随后，精细筛选教学策略，紧密

① 张立薇. 创设情境，让自信与美绽放：情境教学法在“形体矫正训练”中的运用［J］. 天津教育，2016（6）：48-49.

结合教学任务、班级特性及教师自身素养，精心规划情境创设的途径。此步骤旨在营造富有启发性的学习环境，激发学生的学习兴趣，深化知识理解，从而达成教学目标。

2. 情境教学的设计原则

（1）直观原则

越直观的事物越容易被人们所认知，因此，情境教学法强调打造生动、易于感知的教学场景，针对学生的具体思维模式，运用图像、旋律、角色扮演等直观工具，直接激发学生的感官与情感共鸣。这种做法能够唤起学生深刻的情感体验，让他们不由自主地将自己的身心投入教学互动。

（2）意识与无意识统一原则

情境教学法提倡采用隐蔽、迂回的方式来构建教学场景，以此影响和调整学生的心理状态。通过场景的暗示，以潜意识引导意识，逐渐实现教育教学的根本目的。这种方法利用学生的易受暗示性，让教学场景与学生的内心世界产生共鸣，从而有效激发学生的内在潜力，促使他们快速成为教学过程的积极参与者。

（3）智力与非智力统一原则

情境教学法深刻揭示了学生的学习过程是智力与非智力因素相互结合的综合体验。在此框架下，教学设计不仅注重激发学生的感知、记忆与思维等智力层面的能力，而且注意巧妙地调动其动机、兴趣及需求等非智力因素，以形成学习动力。一方面，情境教学将培养学生的创新思维置于核心地位，贯穿于教育实践；另一方面，它亦充分考虑学生的内在驱动力，如探索欲、认知兴趣、审美追求、创新激情及能力提升的渴望，旨在让学生在情境互动中全方面享受学习的乐趣。这种教学方法强调了智力与非智力因素的协同发展，旨在构建一个既能促进学生智力发展又能满足其情感与心理需求的学习环境，从而实现教育的全面性与个性化。通过精心设计的情境活动，学生不仅能够深化对知识的理解与应用，而且能够在情感上得到滋养，实现认知与情感的双重成长。

（4）愉悦性原则

情境教学活动尤其强调周围环境的轻松愉快。无论创设的情境是课堂的、课外的、校园的、人际的，还是家庭的，都蕴含了学生生活空间特有的轻松与趣味，既承载了教师的期待，又富含美学与智慧[①]。这些情境活动直指学生的内心世界，带来视觉上的享受和审美需求的深度满足，让学生心中产生一种强烈的愉悦感。这种愉悦感，是激发学生主动参与情境活动的强大驱动力。同时，这种审美愉悦不仅对学生有益，而且教师也受益。学生的全情投入使情境更富层次，活动的情感氛围更为浓厚。对于已占据主导地位的教师而言，这会带来教育成功的巨大喜悦，是对教师辛勤工作的最高赞誉，激励教师以更充沛的精力投身教育教学之中。于是，“教师—情境—学生”之间形成了相互促进、多角度互动的“心理场”效应，驱动学生以心灵感知学习，使教育教学活动达到一种热烈的状态。在此状态下，学习变成了一种乐趣、一种激情的释放。

（5）自主性原则

在情境教学活动中，自主性原则是确保学生占据主体地位的基本前提。其贯彻主要依赖于“角色效应”，以增强学生的主体认知。具体来说，即在情境教学中常见的角色扮演策略。在这一过程中，“有我之境”和“设身处地”的角色效应引导学生依照角色规范思考和行动，仿佛学生真正成为了角色的化身，实现了自我与角色的融合。于是，学生的全情投入使他们成为教育活动的真正主体，学生不再被动等待教学内容的赋予，而是热切地主动接纳。这整个过程可概括为“融入情境—扮演角色—理解角色—展现角色—角色认同”。由此可见，自主性原则立足于学生的实际需求，激发独立思考和自我评价。这意味着所有活动的核心应该是学生的积极性、主动性及愉悦感。

（三）情境教学总体思路

在进行高职公共英语课程的教学时，情境教学法将被细化为以下流程，包括情境创设、目标设定、知识传授、知识巩固、实例分析、情境模拟及意义建构等。

情境创设阶段的主要目的是构建课程的总体情境，以此为基础，逐步推进后续的教学步骤。

在传授新知识之前，目标设定环节旨在向学生阐述本节课的学习目

---

① 崔金赋. 论情境教学的审美化［J］. 昆明师专学报，1994（3）：84-90.

的，从而提升课堂教学的实效性。

知识传授与知识巩固环节，将在保持情境连贯性的同时，重点讲解基础英语知识，将关键词汇与情境紧密结合，这既有助于学生掌握目标词汇，又能展现故事的完整性，为学生奠定坚实的英语基础，满足他们未来的职业需求。

实例分析与情境模拟环节。以酒店管理专业为例，在基础知识讲解完毕后，教师展示与课程主题相关的酒店场景工作对话，并对其进行解释。随后，学生进行对话的模拟练习。

最终的意义建构环节，目的是实现“在具体情境中理解，在实践活动中感悟”的建构主义学习模式，引导学生将新知识与自身的生活经验相结合。在教学评价方面，致力于评价手段的多样化、评价内容的丰富化及评价主体的多元化。不仅重视最终成绩，而且关注过程表现，包括学生的口语能力、学习态度和学习兴趣等各方面。此外，评价不再限于教师，学生自我评价和小组间的互相评价将使评价结果更具客观性。

（四）情境教学法在高职公共英语教学中的作用

1. 有利于高职学生轻松愉快地学习英语

大部分高职学生英语基础都比较差，因此，学生群体中普遍存在对英语课较为抵触、学习积极性不高的情况。面对高职学生群体的特定需求，在英语课堂上高职公共英语教师应当运用启发引导、互动交流、问题探讨等多元化的教学策略，促使学生积极投入英语学习的各个环节，勇于表达、享受使用英语的过程，打造一个宽松愉悦的学习环境，唤起高职学生对英语学习的热情与兴趣①。针对高职教育环境下的英语教学，教师应当扮演引导者而非主导者角色，秉持“以学生为中心，教师辅助指导”的教育理念，激发学生的主体意识与学习动力。在教学实践中，教师应着力培养学生对英语学习的信心，减少学生英语学习的畏难情绪，倡导积极向上的学习态度。为了实现这一目标，教师需注重发掘并调动学生的内在学习潜力，通过精心设计的教学活动，促进学生自主学习能力的提升，进而培养其创新思维与实践能力。对于积极参与课堂互动、展现良好学习状态的

---

① 高娜. 情境教学法在高中英语阅读教学中的应用研究［D］. 锦州：渤海大学，2018.

学生，教师应及时给予正面反馈，以激励其保持高昂的学习热情；同时，对于课堂参与度不高，或学习积极性较低的学生，教师应采取个性化引导策略，耐心倾听学生内心困惑，适时提供针对性的支持与鼓励，帮助学生克服学习障碍，重拾学习信心。

2. 对高职学生的全面成长具有促进作用

在传统教学方法中，教师往往过分关注词汇和语法的传授，而忽略对学生英语应用能力的培养，而运用情境教学法开展高职公共英语教学时，教师则会尤为注重培养学生英语的应用能力。具体开展教学活动时，由于高职学生普遍存在英语基础不扎实和英语水平不高的问题，公共英语教师需要在课前细致规划教学策略，使教学内容更适合高职学生的英语水平，以达成有效提升学生英语水平和应用能力的目标。

在运用情境教学法开展教学活动时，教师不仅要打造一个有利于英语学习的环境，而且要为学生提供实践的机会，让学生在体验、感知、实际操作、参与讨论及互动交流等多种学习方式中深化对英语的理解①。另外，教师需充分发挥引导作用，助力学生掌握英语使用的技巧，提高学生的实际应用能力，进一步促进学生综合素质的全面提升。

3. 显著提升高职公共英语课堂的教学成效

学生积极参与公共英语课堂教学，是进行高职公共英语教学评价的重要标准。著者结合自身多年的教学经验发现，与学生消极表现的英语课堂相比，学生积极参与的英语课堂更容易获得较好的教学成效。而情境教学法的一个显著特征，就是能够通过实际情境的创造，唤起学生学习英语的兴趣、激发学生参与课堂教学的主动性。而是否能够达成提高课堂教学成效的目标，关键在于情境的设定是否恰当。因此，教师在设定具体情境时，应根据高职英语课程的具体内容和学生的学习状况，构建贴近实际生活的英语使用场景，将日常情境融入教学之中。

---

① 贾菲. 情境教学法在高职英语教学中的应用探索［J］. 文化创新比较研究，2020，4（16）：79-81.

（五）情境教学法在高职英语教学中的应用策略

1. 尽量采用英语授课

由于大多数高职业院校的学生英语基础较为薄弱，因此，在公共英语教学中，教师应优先采用简明易懂的句型与学生沟通，确保传递的信息清晰易懂。对于理解困难的学生，教师应适时运用汉语解释，力求每名学生都能理解并积极参与英语交流，从而激发学生开口说英语的兴趣和信心，使学生通过互动体验英语学习的乐趣，进而提升英语听说技能。在口语训练中，词汇的选择需贴合高职学生的实际水平，针对难点词汇、复杂语句及难解段落，教师应结合生活实例，利用实物、模型、图片等直观教具，辅以肢体语言如手势、动作、表情等，以增强学生的理解。除了强化口语交际能力，高职英语教学还应全面关注听、说、读、写四项基本技能的均衡发展，全面提升学生的英语综合素养，为其未来就业奠定坚实的基础。通过系统而专业的英语学习，使学生不仅能够有效沟通，而且能在阅读、写作等方面展现扎实的语言功底，从而在职场竞争中脱颖而出。

2. 充分利用网络教学

随着科技的迅猛进步，网络技术和信息技术的发展，公共英语教师需积极探索网络教学模式。这种教学方式不仅能够激发高职学生对英语学习的热情，而且能更有效地利用教育资源。教师可利用多媒体技术优化高职英语课堂，以提高教学效率并提升教学质量。多媒体教学设备能整合声音、文字和图像，以刺激视听感官，提高学生注意力，进而重塑其英语思维，促进学生对英语知识的深入学习，提高学生的理解力、自主学习能力和创新思维能力。高职公共英语教学运用多媒体辅助设备，除了能扩展学生英语学习的范围，对于加强师生间的情感互动，打造积极的英语课堂环境也有积极影响，最终还可达成增强学生英语综合运用能力的目标。因此，在开展公共英语的教学活动时，教师可以通过播放课文音频或英语情景剧视频等方式，激发学生学习英语的热情，提高他们学习英语的主动性，激发他们参与课堂教学活动的积极性。与文字相比，对于学习一些课程中的重点和难点，视频更容易让学生理解，因此，教师可将这些部分内容制作成简短的课程视频，上传至网络教学平台，要求那些理解相关内容有困难的学生在课外多次观看，以便及时复习课程要点，从而加深学生对英语重点和难点掌握的牢固度。

3. 积极引入角色表演

针对高职教育的特点，高职公用英语教师应紧密贴合学生的英语水平开展英语教学，使学生能够熟练掌握并理解实际场景中的口语技能，进而实现在具体情境下的灵活应用。为此，教师需深入洞察学生学习英语的实际需求，全面考虑学生在真实环境中可能面临的各种挑战，精心设计一系列情境模拟活动，如职场交流、求职面试等，以提升学生将理论知识与实践相结合的能力。通过构建逼真的语言环境，教师能够引导学生将所学知识融会贯通，实现学以致用。为了进一步提升高职学生的英语口语水平及综合能力，教师可组织2～3组学生自主创作、导演并表演情景剧。这一活动不仅能在课余时间有效增强学生的听说能力，而且能培养学生的团队协作精神和创新思维，从而全面提高学生的综合素质和职业竞争力。

4. 模仿式教学

模仿式教学法，即教师在课堂上进行模仿引导，启发学生开展模仿式学习。通过教师的示范引领，激发学生主动模仿与学习的热情。尤其在高职英语教学领域，此方法能显著提升学生的参与度，促使学生积极表达观点；教师则可以依据学生反馈，适时提供解答、评价与反馈，形成良性互动。

模仿式教学法在高职英语教学中展现出显著优势，涵盖听、说、读、写全方位技能的培养，能够全面锻炼学生的英语能力。

在听力训练方面，利用课堂时间，教师可播放英语音频资料或组织学生观看英语影片，以营造沉浸式学习环境，逐步提高学生的听力水平。口语技能的培养，则需教师鼓励学生大胆开口，突破心理障碍；开展课外活动（如英语演讲竞赛及短剧演出）有助于构建真实交流场景，显著提升学生的口语流利度。至于阅读能力的提升，教师应倡导学生自主拓展阅读范围，精选英文原著进行阅读，旨在深化语篇解析技巧，从而系统性提高阅读效率。在写作训练环节，重点在于强化词汇、语法与句型的掌握，通过仿写练习与作文批改，教师能够有针对性地指导，助力学生构建扎实的写作功底，最终实现英语写作能力的全面提升。

5. 情境音乐教学

在高职英语教学中，教师可探索运用音乐作为教学手段，构建和谐的音乐教学场景，以创造一个轻松且愉悦的学习环境，充分展现音乐在情境教学中的价值。教师可将音乐巧妙地融入英语课堂①，既可以打破传统教学的单调，也可以使学生在享受音乐的同时体验到英语学习的乐趣。引导学生欣赏欧美音乐，既能提升他们的英语听力技巧，也能让学生领略其中的艺术魅力。此外，选择歌曲中的经典歌词进行分析，能增强课堂的互动性，促进师生间的情感交流。教师还可鼓励学生在课外学习演唱英文歌曲，将每堂课前的5分钟，作为学生展示自我才华的舞台。这种情境音乐教学法既可以点燃学生学习英语的热情，又能激发学生主动学习和积极参与活动的动力。

如上所述，情境教学法在高职英语教学中具有不可替代的作用。鉴于此，教师应在英语课堂中强调提升学生的综合技能，借助情境教学法以激发学生的英语学习热情，增强学生学习的主动性和积极性。教师应巧妙地实施情境教学，构建逼真的英语语境，将现实生活场景有机地结合到教学中，使教学内容紧密联系实际、贴近生活，使高职英语教学富含现实性、趣味性、实践性、直觉性和生动性。如此，才能够在实践中有效提升高职学生的英语实际应用能力，从而显著优化高职英语的教学成效。

三、项目教学法的实施

（一）项目教学法的定义

项目教学法（project-based learning，PBL），是一种以项目为中心的教学方法，最早由美国学者基尔帕特里克（Kilpatrick）提出，首次出现在发表于1918年题为“项目教学法”的论文中②。关于项目教学法的历史沿革与应用，最早可追溯至16世纪末的欧洲建筑学校，彼时在教学活动中出现的“项目作业（project work）”就是项目教学法的雏形。至18世纪后半叶，项目教学法在教育领域被广泛采用，不仅在欧洲盛行，而且逐渐传入美国。19世纪末至20世纪初，美国公立学校将项目教学融入手工艺训

① 贾菲. 情境教学法在高职英语教学中的应用探索［J］. 文化创新比较研究，2020，4（16）：79-81.

② 徐朔. 项目教学法的内涵、教育追求和教学特征［J］. 职业技术教育，2008，29（28）：5-7.

练，使之成为常规教育的一部分。在学术层面，1915—1965年，包括基尔帕特里克在内的多位学者对项目教学法进行了深入研究与重新定义，推动了该教学模式在欧洲的复兴①。

各学术界的解读对此概念略有差异。基尔帕特里克视项目教学法为一种有组织、全面参与的社会环境下的实践活动；贝姆则定义它为一种学生自主策划并执行的教学课题或实践任务构成的教学模式；而弗瑞的理解是，学生形成团队，在限定的框架内合作完成特定项目，从策划到执行均由团队成员自主负责，最终产物可能是文档、设备或其他实体成果。尽管项目教学法强调产出，但其核心价值在于解决问题的过程及学生所运用的建构性方法。鲁道夫·普法伊菲尔和傅小芳进一步阐述，此法下，教师引导学生以小组形式发现并提出学习和生活中的问题或创新点，经讨论后决定项目方向，设定学习路径，执行计划，并对活动效果进行评价；徐国庆则认为，项目教学法指学生通过执行完整的工作项目，习得知识，掌握技能，并逐步形成职业能力的教学方式。

从上述分析可以看出，学者们对项目教学法的理解虽有差异，但提炼出的核心要点共涵盖四个方面：学生的主观能动性、系统的行动规划、问题解决能力和社会环境的考量。佩措尔德则将其在职业教育中的实践归纳为三个要点：以创造具有社会价值的产品为中心的项目；建立能自我管理和组织的学习团队；在跨学科或社会实践中习得专业理论与实践技能。

据此，著者认为可以将项目教学法定义为：在教师引导下，学生以小组协作形式设计项目计划，通过自我驱动的学习方式获取并掌握相关专业及创业知识，并将这些知识应用于实际操作，以此提升问题解决能力。

20世纪中叶，欧洲教育界对项目教学法给予了高度关注与认可，认识到其在培养学生综合职业能力方面的独特价值。进入20世纪70年代，项目教学法的应用范围进一步扩大，尤其在德国，项目教学法被广泛应用于企业培训与职业教育。这些企业和职业学校青睐项目教学法，是因为它能有效培养员工的关键能力和综合职业素质，满足了现代企业对人才的需求。因此，项目教学法得以在全球范围内迅速推广，成为教育与培训领域

---

① 陈茜. 项目教学法在高职院校ESP教学中的应用研究［D］. 南昌：江西科技师范大学，2016.

的主流教学模式之一。

（二）项目教学法的特点

1. 通过项目对各种知识及能力进行整理和构建

项目教学法的核心是项目。在项目完成的过程中，学生能够整合并架构跨学科的知识与技能。作为教学活动的纽带，项目编织成一张知识网，其中心地位凸显，不仅串联起分散的知识点，而且促使理论与实践紧密结合，进而锻造出学生的职业能力和创新精神。在高等职业教育领域，创业教育依托于扎实的专业基础，进一步拓展至创业理论的学习。然而，传统教学模式以系统化科学知识为轴心，虽然结构严谨，却可能造成理论与实践脱节，使得学生难以将所学融会贯通，导致无法应用到实际情境中。因此，引入项目教学法，通过设定项目目标作为学习的内在激励，激发学生的主动性和探索欲，能够改变这一现状。这种转变，不仅提升了学习效率，更关键的是，它促使学生在实践中自主梳理知识体系，重构能力框架，实现了从被动接受到主动构建的飞跃。所以，项目教学法不仅优化了知识传授的方式，更深层次地促进了学生综合能力的提升，尤其是在培养职业素养和创新意识方面，展现出无可比拟的优势。

2. 学生主动学习技能的培养必须以学生为核心

在项目教学法的实践中，核心环节在于学生自主发现问题与解决问题，旨在激发学生的创新思维，提升其主动学习的能力，唤醒学生内在的学习热情。整个项目学习流程，包括问题的提出、学习团队的构建、资料与信息的收集分析、成果的展示、经验的分享及同伴间的互评，均由学生自行主导决策。在此模式下，教师的角色被定义为引导者，主要任务在于设定教学目标、概述课程内容，而在具体教学活动的执行中，教师则采取不干预的态度，放手让学生自我探索与成长。

3. 小组学习是合作学习与探究学习的核心形式

在项目导向的教学实践中，主要的学习模式为小组协作，此种模式不仅凸显了学生的个体才能，也促进了他们的合作学习技能和团队精神的发展，从而有效地提升了项目执行的效率。值得注意的是，项目小组与常规教学小组有显著区别，前者具有更强的凝聚力，能够更充分地激发每个成员的潜力。因为，项目的实施核心在于学生的自主学习和项目组织能力。

所以，教学内容在这样的教学环境中呈现多元化的形态，学生们常常需要主动地进行信息收集。在课堂上，教师倾向于避免传统的灌输式教学，而采用小组讨论的方式，引导学生自我发现和解决问题，鼓励他们持续探究和质疑，实质性地提升学生的问题解决、分析思考及人际交往能力。

4. 学习的最终目的是完成意义建构

教学目标是项目设计与意义建构的核心驱动力。因此，评价学生的学业成就必须考量项目完成的质量。项目教学法，本质上是将综合实例融入教学，通过有策略地将教学进程分解为一系列具体任务，结合关键知识点，激励学生通过驱动任务和解决难题的方式，去领悟基础概念，并积极探求高级应用知识。这一方法遵循“项目—板块—问题—任务—知识点”的教学架构；反过来，通过这种逆向思维，确保了全面而客观的知识掌握。

（三）项目教学法的构成

项目教学法有四大组成要素：内容、活动、情境、结果。以下进行介绍。

1. 内容

在项目导向的教学模式下，课程资源主要源自真实的职场环境，其教学焦点集中在实践中常遇到的工作挑战和任务，而非抽象的学科理论。教学内容应紧密贴合企业的实际运营，为学生创造具有明确目标的独立学习情境。通过限定时间内的自我学习规划，旨在有目的地训练学生的创新技能。

2. 活动

项目教学法，旨在引导学生融合工作方法与项目工具，针对实际工作任务进行有针对性的自主实践。相较于传统的教学模式，此模式更侧重于激发学生的主动性与实践精神，促使学生在实践中获得真知灼见与实用技能。项目学习法的核心特征可归纳为以下两点。首先，项目教学具备挑战性特质，所布置的任务不仅考验学生的既有知识与技能，而且要求在此基础上，通过学习新技能、掌握新知识，有目的地解决新问题。这种模式促使学生在解决问题的过程中深化对技术理论的理解，提升知识技能水平。其次，项目教学具有构建性。在具体实施过程中，学生能够深刻体会到，通过解决实际问题，逐步积累有价值的专业技能，构建一套有利于个人长远发展的知识体系。这一过程不仅强化了学生的实践能力，而且促进了学生对知识的深度理解和创造性应用。

3. 情境

所谓情境，指的是为学生自主学习创设的外部环境。这种环境既能通过信息技术模拟真实的工作场景进行创设，也能直接利用实际的工作环境。情境教育具有以下显著特征。首先，它促进学生间的交流与协作。在教学过程中，从项目主题的确立、资料收集、方案设计到项目实施与成果评价，所有环节均由项目小组独立承担，这不仅使小组成员形成了紧密的合作关系，还增强了彼此的依赖。其次，情境教育有利于学生掌握专业技能与知识。鉴于专业技能与知识本身带有情境属性，是否真正掌握取决于是否能在真实工作环境中灵活运用。因此，情境教育的核心在于为学生营造一个理想的职业能力培养环境，提升学生的学习效能，引导学生紧跟时代步伐，朝着技术发展前沿迈进。情境的独特之处，在于它并不局限于理论传授，更强调实践操作与团队协作，以此激发学生潜能，促进其全面发展。通过模拟或融入真实工作环境，学生能够将所学知识与技能灵活运用，实现理论与实践的完美结合，从而更好地适应未来职业生涯的挑战。

4. 结果

结果，此处解释为，结束学习或在学习的过程中，由学生自主学习，掌握职业知识与职业能力，提高学生的创新能力、合作能力与实践工作能力。

（四）项目教学法在高职英语教学中的应用特点

1. 以项目为中心

项目教学法本质上涉及构建教学项目，旨在使教育活动聚焦项目本身，强调教学的定向性和目标性。这种方法提倡教师以项目为导向，围绕项目的各个层面开展教育活动，并鼓励将单独的项目授权给学生自主管理，从项目资料的收集直至项目成果的评价，整个过程都由学生全权负责。在推进项目实施的进程中，学生需全面掌控项目流程及各关键环节的操作[①]。

2. 以学生为主体

传统教育模式常常侧重于教师的主导角色，倾向于单一的教学方式，教学流程常被设计为线性的教与学的传递。然而，项目教学法的引入改变了这一教育模式。具体来说，项目教学法倡导教师采取小组协作的教学策略，鼓励学生以团队形式参与讨论和合作。其深层意义在于唤醒学生的主体性，培养学生的责任感，同时通过个体与团队的协同互动，提升学习过程的趣味性和学生的成长体验感。

3. 具有一定情境性

为了有效推进项目教学法的应用，必须精心设计与项目内容高度契合的教学环境，或者构建特定情境，以切实提升学生的英语实际运用能力。具体而言，项目教学法的应用应注重情境的创设，确保其与教学目标紧密相关，使学生在类似真实工作环境的情境中学习和实践。这不仅有利于学生将抽象的理论知识转化为具体的操作，而且能帮助学生提前适应未来的职业角色，增强就业竞争力。因此，教师在设计项目教学活动时，应充分考虑学生的学习需求和未来职业发展方向，精心策划与之相匹配的教学情境，以实现最佳的教学效果。例如，在旅游专业教育中，由于学生未来职业主要涉及接待外国旅行团的任务，教师可以通过模拟此类项目场景，使学生将理论知识转化为实践技能。这种做法不仅能够强化学生对知识的理解和掌握，还能激发学生的学习兴趣，提高其解决问题的能力，从而达到巩固和深化知识的目的。

（五）项目教学法在高职公共英语教学中的应用步骤

在高职公共英语的教学实践中，项目教学法的执行需遵循一套严谨的流程，大致可分为以下四个阶段。

1. 确定项目任务

项目任务的选择是实施此教学法的基础。教师在挑选任务时，不仅要确保其与学生的专业领域紧密相关，而且需兼顾学生的专业特性及学业水

① 付烨. 项目教学法在高职高专英语教学改革中的应用思考［J］. 中国多媒体与网络教学学报（中旬刊），2023（3）：37-40.

平，选择适宜难度的任务，有的放矢地提升学生的专业英语综合运用能力。以商务英语专业为例，设置项目时，应侧重于商务相关的英语实践，如选择对外贸易课题，先为学生制订项目总体框架，再让学生自行挑选细分项目，并以团队协作的方式完成各自的任务。

2. 项目计划的制订

在开始任何行动之前，精心规划是必不可少的，项目教学法的推行亦不例外。通过精心设计的项目计划，引导以任务为导向的学习路径，是实施项目教学法的关键。因此，在明确了特定的项目目标后，教师的首要职责是制订一份既科学又合理的项目计划。教师应当基于建构主义理论的指导思想，全面评价学生的英语学习状况，同时紧密结合英语课程内容与项目任务需求，精心策划详尽的项目实施方案。此方案需涵盖项目执行的核心团队、详细的操作流程、潜在的挑战及应对策略，以及最终成果的展示方式，所有这些环节均需事先预测并妥善准备。同时，教师应以实际的教学内容作为项目背景，设定多样化的项目主题，确保在适度控制项目难度和范围的同时，赋予学生充足的自主探索时间与创新空间①。

3. 项目的着手实施

在明确了项目任务并确立了项目计划之后，项目实施便成为了项目教学法实践的核心环节。这一环节要求教师以有序且严谨的方式指导小组长，确保能够引领团队成员遵循既定的项目计划行动，同时，为每位组员分配精确的任务，通过任务的细化分解，实现全员对项目实施的深度参与。在此过程中，教师的角色至关重要，须适时介入学生的项目创作，全面监控项目的执行进展。教师的任务不仅是监督，更应结合现场观察，精准识别学生的短板，并据此作出灵活调整。值得注意的是，教师在参与讨论时，应激发学生对项目细节及规划要求的深度思考，适时调整指导策略，为学生提供多元化的实施途径和全方位的支撑与指导，以满足学生多样化的需求。通过上述措施，可以确保项目教学法的有效实施，促进学生在实践中深化理解知识并提升技能，同时，体现了教师在项目管理中的关键作用和对学生个性化需求的充分关注。

---

① 付烨. 项目教学法在高职高专英语教学改革中的应用思考［J］. 中国多媒体与网络教学学报（中旬刊），2023（3）：37-40.

4. 项目成果的展示

在学生完成项目后，教师应组织并引领学生进行项目成果的展示。此环节中，教师可采用多元化的主体评价方式，包括教师评价、自我评价、组内互评及跨组评价等多维度评价，以提供全面且客观的反馈。评价阶段结束后，教师需指导学生深入反思项目实施流程，总结提炼项目执行过程中的经验和教训，并在此基础上，结合评价结果，共同探讨项目执行全程的短板及其根源所在。至关重要的是，通过促进小组间的沟通与讨论，激励学生建立经验与教训共享机制，确保在相互启发的环境中，学生能增强项目执行的自信与动力，从而激发学生的学习热情，达成教学目标。

综上所述，项目教学法的四大核心步骤——确定任务、制订计划、具体实施和成果展示，彼此关联、层层推进。在具体操作中，唯有细致执行每一步骤，方能确保项目教学取得理想效果，有效提升学生的学习成效。

（六）项目教学法在高职公共英语教学中的应用对策

1. 依托项目实例，强化学生认知水平

高职公共英语教学应充分利用项目实例，以详尽的案例分析提高学生的英语认知水平。根据学生的专业背景及学习状态，教师需精心挑选案例，激发学生的学习积极性。例如，选取贴近日常生活的项目，结合专业性和趣味性，引导学生将所学知识与项目相结合，以此提升学生的知识应用和实践技能，进一步拓宽其学习视野；又如，设计富于实践性的任务，增强学生对项目的兴趣和理解，确保学生在实践中积累经验，丰富实践内涵，进而提升英语实践能力。

2. 依托新技术，调动学生学习热情

科技的引入为英语教学注入了新的活力，其中，多媒体技术的普及为英语教师提供了丰富的教学手段。教师可以整合图片、文字、音频和视频等多元素材，创设多元化的项目教学情境，以刺激学生的学习潜力，拓宽其学术视野，并激发学生学习的能动性。在具体操作中，教师可运用PPT展示图文并茂、生动真实的项目内容，使学生直观理解项目全貌。同时，教师应根据PPT教学反馈，及时解决学生在项目学习中遇到的困惑，对难点进行深入剖析，以提高教学效率和针对性。

3. 结合小组教学，激发学生协作潜能

在推进项目教学的过程中，教师将学生合理分组，以此加快教学进度，并确保每名学生都能积极参与其中。因为，小组合作教学模式不仅能够促进项目教学的顺利进行，而且能全面调动学生的思维，增强学生的方案整合能力，同时激发学生对集体活动的热情。具体而言，每个小组内设有一名组长作为任务领导者，其余成员则作为项目的执行者，各自承担相应的职责，精益求精地完成分配的任务。小组内的沟通与协作，不仅加深了学生对专业知识的理解与记忆，而且有效提升了学生的英语应用能力。值得注意的是，教师在分组时需谨慎考虑，确保小组成员的合理搭配，以预防团队内部产生矛盾，导致项目进程受阻。为此，教师应充分考虑学生的个人特长、性格及学业基础，进行科学合理分组。通常，一个小组应包含操作能力强、基础知识扎实的学生，同时应有行动力较弱的学生，以避免组间能力差异过大，保持各组整体实力均衡。这样，能力强的学生能引领能力稍逊的同学共同进步，从而真正实现提升全体学生英语学科素养与能力的目标。

精心设计的小组合作教学模式，不仅能加速项目教学的进程，而且能全方位培养学生的综合能力，激发学生的学习兴趣，最终达到提高英语素养的目的。

4. 多层次评价，激发学生学习自主性

在高职公共英语教学中，依托项目教学法，教学过程的评价工作显得尤为重要。为了激发学生对英语学习的兴趣和热情，教师必须采取高效且精准的评价策略。一旦项目任务被分配，就应赋予学生足够的自主权，鼓励学生通过制订项目任务书，深入探索所学专业知识与英语学习之间的内在联系。在评价过程中，教师扮演着关键角色，要秉持客观公正的原则，对学生的表现给予建设性的反馈。这不仅能增强学生对教师的信任感，而且能促使学生全身心投入到项目中。项目评价应全面且多元，不仅评价主体应具有多样性，而且应结合精神和物质奖励，对表现突出的团队予以表彰，以此激励全体学生积极参与，从而提升英语项目学习的有效性。通过精心设计的评价体系，结合项目教学法，可以显著提高学生的学习动力和英语应用能力，为高职公共英语教学评价注入新的活力。

综上所述，在高职公共英语教学中，项目教学法具有重要作用，它不仅响应了新课程改革的号召，而且满足了学生未来职业发展的实际需求。因此，教师应当积极发挥主导作用，构建一个有利于项目教学法实施的优质平台，同时赋予学生足够的自主学习空间，激发学生的英语学习热情，以此作为推动项目教学法有效执行的核心动力。在实施项目教学法时，教师的角色至关重要，教师需精心设计教学活动，确保教学既能符合新课程改革的精神，又能贴合学生的职业规划。通过创建一个充满活力的学习环境，鼓励学生积极参与。这一过程强调学生自主探索和实践，旨在培养学生解决实际问题的能力，而不仅仅是掌握语言知识。为了实现这一目标，教师应注重激发学生对英语学习的兴趣，将激发学习兴趣作为项目教学法成功的关键，通过设计富有吸引力的项目，让学生在实践中体验英语的魅力，从而增强学生的学习动力。同时，教师还需提供必要的指导和支持，帮助学生克服学习过程中遇到的困难，确保项目教学法的有效实施。总之，在高职公共英语教学中，项目教学法的应用不仅是教育改革的必然趋势，而且是学生个人发展的重要支撑。通过教师的引导和学生的主动参与，可以显著提升英语教学的质量和效果，为学生的未来职业生涯奠定坚实的基础。

四、合作学习策略和自主学习策略的实施

（一）合作学习策略的实施

1. 合作学习的定义及特征

合作学习，亦称为协同学习，始于20世纪70年代初期的美国，并在随后的15年里逐渐演变和发展，最终形成了一种具有创新性且经过实践验证的教学理论及方法。该学习模式适合不同能力水平的学生，学生通过深度对话、有效沟通及紧密协作的方式共同完成学习任务。在此过程中，学生通过汇聚集体智慧，产出口头或书面形式的学习成果。协同学习的核心在于创建一个基于相互信任和相互支持的环境，在这样的环境中，学生通过彼此的帮助与合作，努力达成共同的学习目标。此时，教师的评估标准不再单一地聚焦于个人表现，而是将团队的整体成绩作为评判依据，以

促进每名学生的全面成长。综上所述，合作同学习的重点在于学生在完成学习任务过程中的互动、沟通及团队合作①。

作为一种教学方法，合作学习融合了现代教育学、社会心理学及认知心理学的理论精髓，强调的是团队协作。在这一模式中，学生被划分为若干小组，共同完成任务，并根据各自的任务角色展开互帮互助的学习。评估体系侧重于团队整体表现，目的是激发学生关注集体利益的同时，也注重个人进步，以此来全面提升学业成绩。此外，这种方法有助于构建积极向上的班级氛围，为学生培养良好的心理素质、形成优秀的社会交往能力奠定坚实的基础。

合作学习的核心特点如下。一是通过异质性分组建立“多元组合”的学习群体。这种分组方法全面考虑了性别、学业水平、学习进度及其他个人特质的多样性，旨在促进成员的相互补充和发展，并增强学生对多样性的认可，同时为学业上有困难的学生构建一个有力的支持体系。二是强调积极互帮互助。在承认个体差异的基础上，要求每位小组成员都要全情投入并相互扶持。三是注重任务分配与协同工作。每位成员需遵循规定的学习流程，不仅要追求个人进步，而且要培养高度的责任感，为组员提供必要的帮助。四是实现资源共享。小组内部的所有组员都能共享各种资源，从而有效促进知识和信息的传播。五是采用结合个人与团队表现的激励机制，评价时不仅关注个人成绩，而且对整个团队的表现进行评价。

2. 合作学习的优势

合作学习能够提高师生间及学生间的语言沟通效果。在高职公共英语课堂实践中引入此方法，不仅能够激发公共英语教学活动的活力，显著提升教学效能，促进同伴的互学共进，而且能够有效培养学生的协作精神与团队意识。

首先，合作学习能促进学生的学习效率提升。相比传统的教学方式，合作学习注重互动性与合作性，使学生在小组活动中有更多机会交流、辩论，以及共同解决问题。此方法给予学生足够的自主空间，鼓励每位成员表达观点，同时让学生学会倾听他人。通过交流与讨论，学生建立起合作

① 邢华欣. 合作学习在高职公共英语教学中的应用研究［D］. 秦皇岛：河北科技师范学院，2015.

机制，增强了人际关系的和谐度，从而有效提升了学习效率。

其次，合作学习能激发学生的学习兴趣。在以合作为基础的公共英语教学环境中，学生需积极参与，运用创意思维，面对同一问题可提出多种解决方案。在此过程中，学生得以充分展示英语水平并实践所学知识，实现从理论到实践的转变。宽松的学习氛围为学生提供了广阔的自我发挥空间，促使学生从多角度审视问题，进而增强求知欲望，积累多元知识，提高对学习的兴趣。

最后，合作学习有助于高职公共英语教师更好地理解学生的个体差异。合作学习小组成员背景多样，基础水平、智力、能力、性格与习惯等均有所不同。通过相互学习，学习有困难的学生能在同伴的帮助下攻克难关，这种方式比单一的教师指导更加贴近实际且有效。合作学习法强调尊重学生个性差异，确保每个学生都能体验到成功的喜悦。对于缺乏自信的学生，完成任务后的成就感能极大地提振学生的信心，使学生更加认同合作精神，并主动参与合作。合作教育将学生的个性差异视为宝贵的资源，通过促进同学间的交流与合作，让每位学生带着独特认知、思考方式和价值观融入集体学习过程。

综上所述，著者认为，合作学习作为一种重要的学习方式，对高职院校的学生来说极为关键，它能有效激发高职学生自我驱动的学习意愿，构建一个自主探索的学习氛围。相较于单纯依赖公共英语教师讲授的授课模式，合作学习鼓励学生主动参与学习，强化自我学习意识。通过合作学习的经历，学生能够享受自我驱动学习的乐趣，增强自信心，并体验到学习英语的愉悦，最终实现加强自我学习意愿的目标。借助合作学习机制，学生能更积极地发掘并利用校内外资源，以激发学习英语的兴趣与热情。在合作学习的过程中，学生能自主设定学习目标，提前预习和回顾课程内容，以提升学习效率。同时，在相互交流学习心得、共享资料、拓展课外知识和拓宽视野的过程中，学生还会针对特定议题提出见解和思考，深化对学习内容的理解，促进知识的内化，从而显著提升自我学习能力。

3. 合作学习的基本方法

合作学习的基本方法分为两种。第一种是切块拼接法。Aronson及其团队创立了一种创新的协作策略——切块拼接法，旨在营造一个充满和谐依赖与互助的学习环境。知名学者Dwight Holiday对此方法进行了深入剖析，并详尽阐述了其诞生与演进的过程。经过优化的切块拼接法赋予学生全面探索学习内容的机会，同时确保学生拥有充裕的自主思考时间，特别适用于侧重陈述性知识的教学领域，如语言、社会学科及教育学科等的知识传授。国内对于切块拼接法的研究起步相对较晚。1991年，盛群力在其著作《合作学习：一种新的教学策略》中，首次提出了这一针对英语教学的切块拼接法模式。此方法被定义为一种具体的小组学习技巧，要求组内成员协同工作，共同取得最终成果[①]。当前，切块拼接法衍生出多种变体，尽管操作流程有所差异，但基本步骤保持一致。

其一，将学生按照5～6人的规模分组；其二，教师将统一的学习资料分发给各小组，每位成员负责阅读文章的一部分；其三，承担相同任务的小组成员聚合成专家小组，共同探讨并完成各自的任务；其四，讨论结束后，每位成员返回原小组，向同伴分享其在专家小组中学习到的内容；其五，通过小组成员间的知识共享，整个团队共同完成对文章中语言知识点的学习。该教学法颠覆了传统的“教师讲、学生听”的教学模式，通过个人独立思考与小组讨论相结合的方式，学生理解并掌握文章中出现的语言知识点[②]，且通过自我解释的方式传递给同组成员。这一过程不仅极大地激发了学生的学习热情，而且显著提高了学生的主动学习能力。在英语阅读课程中，教师可以灵活运用这一方法，以实现教学的正面效果。

第二种是共学式方法。共学式方法，1987年由美国明尼苏达大学“合作学习中心”的约翰逊兄弟及其团队提出，常被称为“约翰逊法”。约翰逊强调：仅仅将学生分组并让他们协同学习，并不能自动提升学习成绩或显著增强效果；实际上，在不少场合下，这种小组活动可能收效甚微。因此，共学式方法的核心在于它强调并实施了5个关键的合作学习元素：积极互动、支持性的交流、个人职责、社会交往技巧及小组自我评估。作为一种概念性的框架而非具体的操作程序，共学式方法促使学生认识到自己和同伴的学习存在着积极的相互关联性。在这种学习环境中，学生间的相互激励与合作能够有效提升学习动力。

例如，当前使用的高等职业学校英语阅读教材，通常按照单元组织内

① 乌日娜. 合作学习在高职英语阅读教学中的行动研究［D］. 延吉：延边大学，2020.

② 刘桃梅. 高职院校大学英语合作学习课堂教学策略研究［J］. 教育与职业，2014（6）：146–148.

容，每一单元围绕一个特定主题展开，如“健康”“节日”“电影”“旅行”等。这些主题的文章，往往包含有关人物或主题背景的信息。教师可以采用共学式方法，让学生以小组形式探索和讨论这些信息，最后向全班汇报。进一步举例，当学生完成关于“节日”主题的文章学习后，教师可以将该主题细分为多个子话题，比如“圣诞节”“复活节”“万圣节”“感恩节”“情人节”等，并让每个小组选择其中一个话题进行深入探究。在这一过程中，学生需要分工合作、共同研究，最终以小组为单位在班级内展示成果。与传统的教师讲授模式不同，这种学习方式完全基于学生的自主学习和协作。这样的合作学习活动，不仅能够激发学生的学习热情，促使他们积极参与教学活动，而且能在收集整理资料的过程中拓宽学生的文化视野，丰富其人文知识和跨文化理解能力。

4. 高职公共英语教学中合作学习课堂的构建

（1）合作小组划分

为了确保合作学习的有效实施并取得显著成果，首要任务是按照科学的方式合理组建学习小组。高职院校学生的英语水平存在显著差异，加之每名学生的学习习惯、方法及对英语的理解程度各不相同，甚至在智力、性格等方面也存在差异，因此，在构建学习小组时，教师需全面考虑上述因素。在具体操作时，应确保成绩不同的学生均衡分布于各个小组之中，并且每个小组都应有至少一名责任感较强且具有一定组织能力的学生作为组长。在此基础上，教师应与各组组长保持紧密沟通，以便及时掌握小组成员的学习状况。至于小组内的其他工作人员，比如记录员和报告员，可以通过组内选举或者轮换制的方式来确定。此外，为提高效率，建议每个小组的人数为七人及以下。在实际教学活动中，公共英语教师应当赋予学生自行挑选座位的自由，鼓励他们以小组形式自主决定就座位置。这样一来，小组成员聚集而坐，有助于增进彼此间的互动、沟通及互助，为诸如情境对话等课堂活动营造良好的环境。在团队学习之初，各小组的负责人可能尚不具备足够的领导力，负责人在任务分工、调节成员间的关系，以及促进组内交流方面或许会遇到困难。然而，小组负责人在协作式教学中扮演着至关重要的角色，因此，教师有必要对负责人进行适当培训，不仅应提高负责人的任务分配、人际关系处理和内部沟通技巧，还应着重培养负责人评估小组成员学习状况的能力，以及帮助成绩落后的同学提升成绩和技能。此外，小组负责人还需如实向教师汇报团队学习成效，以便教师据此规划后续教学计划。

（2）教学程序制订

教学程序可分成以下几步。

其一，激发合作学习的动力。合作学习作为一种以学生为中心、强调情感投入的教学方法，根据动机理论的观点“只有乐于学习，才能学得更有效”，唯有妥善处理学习动机与学习行为之间的关系，才能在课堂教学中深入贯彻合作学习的理念，充分发挥其独特优势。基于此，合作学习的前提在于学生具备合作学习的内在动力，即学生本身需抱有参与合作学习的愿望。增强学习意愿和合作意愿有助于增强学习动机。合作精神与学习动机构成了合作学习不可或缺的部分，并且起着至关重要的作用。唯有萌生了与他人协作的愿望后，学生才会积极主动地参与到合作学习活动中来。在合作学习的环境中，学生们互相交流、探讨、分享知识、共同进步，满足了自己多方面的需求，体验到了合作学习带来的乐趣，进而增强了学习动力。在高职公共英语合作学习中，教师应当巧妙地提高学生参与合作学习的积极性，构建一个融洽的学习氛围。在开展合作学习教学之前，教师需要精心备课，并设计多样化的引入方式。例如，可以通过播放与学习内容相关的音频、视频或图片等激发学生的想象力和对英语学习的兴趣，引导他们顺利地融入课堂活动①，或者通过设置问题情境的方式，引发学生的好奇心和探索欲，自然而然地过渡到下一阶段的课堂活动。

其二，布置合作学习任务。在学生理解了学习材料及适用的学习技巧之后，公共英语教师应立即对教学内容进行拆解，并将这些拆解后的学习任务精确地分派至各个协作学习团队，确保每名成员都有明确的任务。在此过程中，公共英语教师在设定任务时需力求贴近实际交流环境，唯有如此，任务才能展现出足够的吸引力，有效激发学生之间的对话欲望，满足学习的需求。举例来说，基于教材内容，公共英语教师可以向学生布置相应学习任务，让四人一组的学生各自承担特定的角色与职责。

其三，界定个人学习职责。古语：“一僧担水饮，二僧共抬水，三僧

---

① 邢华欣. 合作学习在高职公共英语教学中的应用研究［D］. 秦皇岛：河北科技师范学院，2015.

无水饮。”这启示我们，确立清晰的责任分工至关重要。根据社会互赖理论的观点，合作学习的关键在于全体成员为达成共同的目标而共同努力。在小组合作学习中，小组成员间存在着积极的相互依赖性，彼此的关系犹如同船共渡。个人责任指的是每名学生在学习过程中所承担的任务，每名小组成员都肩负着重要的学习职责，一方面，要对自己学习的内容负责，确保能够从中获取实用、有趣的知识；另一方面，也要对组内其他成员负责，协助他们也从课程中获得有益、有趣的知识。因此，在小组中，每名成员都扮演着不可或缺的角色，每个人都应当清楚自己的职责①。

以七人为一组的合作学习为例，组内职务包括小组长、总结人、评分员、检查员、联络员、记录员及观察员，每个职务需要负责的具体事务不尽相同。小组长负责引领团队推进各项活动，确保每名成员均能完成分配的任务，有序组织全体成员进行讨论交流、实践操作及探索活动；总结人负责整理并总结各团队成员讨论的核心成果或解答，并呈现研究结果；评分员负责指正其他成员在学习过程中出现的问题或偏差；检查员负责确认团队成员按要求陈述团队结论，确保学习任务的完成；联络员负责搭建团队及师生间的沟通桥梁，协调相关事宜；记录员负责记录团队的各项活动、决策及讨论结果；观察员负责监督团队活动进展，并提出提升团队效率的相关建议。

综上所述，在小组合作学习框架下，成员应有清晰的角色划分及个人职责。小组效率的提升主要依靠全体成员的共同努力，具体实现方式通常包括：第一，将每个小组的人数限制在3～7人之间，小组规模较小能确保每位成员承担更大的职责；第二，在评估阶段，教师需对所有小组成员的表现进行综合考量；第三，小组负责人需定期反馈进度，并记录每名成员为团队所作的实际贡献；第四，每个小组需指定一名监督员，负责监督各成员的任务完成情况；第五，每名成员需将自己的学习成果与其他成员共享。

其四，教学程序规划。根据拉尔森·弗里曼（Diane Freeman）的见解，语言被描绘为一个动态构建的体系，语言学习则被视为一个复杂且不

① 邢华欣. 合作学习在高职公共英语教学中的应用研究［D］. 秦皇岛：河北科技师范学院，2015.

断演进的认知发展进程。这一动态构建过程体现在师生及学生间的互动协作上，旨在营造一种活跃的学习氛围。小组合作学习模式下，学生在组内共同探讨，希望深化对课堂演示项目的理解与掌握，并辅助组内成员达成相同目标。教师不应局限于旁观者，而需在各小组间巡回指导，澄清概念上的疑惑，协调成员间的冲突，确保每名学生都能积极参与到小组活动中，履行个人学习职责。同时，通过相互学习与协助，学生共同推进实现学习目标，这标志着合作探究过程的实质化。在实际教学操作中，教师首先提出问题，利用学生已有的预习基础，引导学生迅速进入有组织的讨论阶段。问题设计应由易至难，激发学生思维的深度与广度。当遇到无法用英语表述的句子或词汇时，学生会寻求组内同伴或老师的帮助。通常，教师的角色在于维持课堂秩序，而非频繁介入小组讨论，或对个体表现进行评判。通过交流与成果展示，各组总结本节课的合作成果、关键点及常用句型表达，由组内代表向全班分享。教师对各小组学生的表现进行综合评估，以促进全面进步。合作探究的实施形式多样，例如游戏竞赛、情境模拟等方式，不仅增强了学习的趣味性，而且有效提升了学生的实践应用能力。

其五，分享学习成果。①小组汇报。完成分组学习后，各小组需汇总全体成员的学习体验与收获，形成集体成果，并由指定代表向全班介绍，同时与其他同学开展互动交流。汇报期间，小组成员应积极参与，补充完善学习成果；其他同学在听完汇报后，应主动发起讨论与交流。此外，教师可以提问，让小组成员回答，并对他们的回答及整个小组的学习成果给予评估。②测试。小组学习结束后，教师需采用多种形式测试学生对知识点的理解程度，以便准确掌握学生的学习情况。③评价。在进行评价时教师应保持公正性，侧重鼓励而非批评，并主要从小组的合作模式、秩序管理、成员参与度及团队成果等方面进行评价，尽量避免针对个人的表现作出评判。

（二）自主学习策略的实施

1. 自主学习的定义

著者在对自主学习理论和现有教学模式研究的基础上，将高职公共英语自主学习的教学模式定义为：在“以学生为中心”的教学理念的指导下，根据高职生对公共英语学习的不同需求，在学校高职公共英语教学中创设一定的英语自主学习环境，以激发学生英语学习动机，促进学生培养英语学习综合能力及自主学习能力的长久发展为目标，构建起来的一套相对稳定、程式化的高职英语教学操作程序。它以自主学习为理论依据，强调在教学过程中重视学生的主体地位，同时突出了教师在教学中的主导作用和对自主学习环境创设的重要作用，以高职英语教学基本要求为目标，整合高职公共英语教学素材，在自主学习理论指导下积极尝试应用各种教学素材和手段进行教学实践①。

根据研究的方向及教学模式的含义，著者认为自主学习教学模式应包含5个要素：教学原则、教学目标、操作程序、实施条件、教学评价。在高职公共英语自主学习教学模式构建中，尤其要体现高职公共英语教学的特点，契合高职学生的实际英语学习水平和学习能力，本着“实用为主、够用为度”的指导思想，培养学生的英语实际应用能力和自主学习能力。

2. 高职公共英语自主学习教学模式的教学原则

（1）发展性原则

首先，要有利于学生的自主学习能力发展；其次，要有利于学生培养合作的精神；最后，要有利于学生锻炼学习能力及提高今后生活和工作中的自我效能感。

（2）自主性原则

供学生自主学习的资源要丰富，并且要有适当的层次，增加学生的可选择性。学习资源既要有来自教材的有关素材，也要有来自学生学习生活的应用素材，更应该有与现代科技相关的、基于学生未来发展方向的研究型素材。这样才能使学生根据个体不同的认知方式和认知需求，在学习中获得满足感。

（3）参与性原则

在自主学习的教学活动的组织中，教师应发挥教学主导作用，积极采用各种方式方法调动学生的学习积极性，促进全体学生积极参与学习。另外，教师应最大限度地将课堂空间留给学生，使学生真正成为课堂学习的主体和中心。

① 遇晓雪. 高职公共英语自主学习教学模式构建研究［D］. 哈尔滨：哈尔滨师范大学，2017.

（4）实用性原则

《高职高专教育英语课程教学基本要求》中，对高职英语教学明确提出了“实用为主、够用为度”的原则。这一原则不仅符合高职学生的实际英语水平，而且突出强调了高职英语的教学目标为培养学生实际运用语言的能力。在实际教学中，只有把握好高职公共英语教学的目标，才能不偏离教学初衷，将教学重点切实落到“实用”和“够用”上，使学生在高职英语的学习中获得未来工作生活中够用的英语能力和更为广泛意义上的自主学习能力。

3. 高职公共英语自主学习教学模式的操作程序

（1）可供借鉴的三种教学模式

在高职公共英语自主学习教学模式的构建中，著者拟借鉴三种时下被教育界广泛接受，且均经实践证明的教学新模式。它们分别是：任务型教学模式、翻转课堂教学模式和对分课堂教学模式。通过借鉴这三种教学模式，著者构建的教学模式有了较为坚实的理论基础，同时有了较强的操作可行性。

第一种，任务型教学模式前面已经介绍过，这里不再赘述。

第二种，翻转课堂教学模式。随着网络和电脑的广泛使用，“翻转课堂”的概念一经提出，便引起了许多国家的教育工作者的高度重视。翻转课堂的其中一种方式，是由教师制作一段教学视频，学生课后观看，在教室里与同学、老师进行面对面的交流，顺利地完成作业。经过国内众多专家和广大一线教师的积极探索与实践，我国形成了一种新的“翻转课堂”模式，这种模式可以用“自学任务单+微课”的结合方式来实现，由课前学习和课堂学习构成。在整个学习阶段，无论是在课前还是在课上，学生都需要借助信息科技手段，才能更有效地实施学习。这种课堂教学的方式，把教学分成了课前的设计和课上的有针对性的训练两个部分，结果交换与回馈评估则分为5个阶段。利用翻转课堂教学方式，学生可以避免课堂的束缚，从互联网上获得更多优质的教育资源。而在这一过程中，教师的作用也产生了根本性的转变，即从“主体”转变为“辅助者”“指导者”；教学方式也由以往的传授为主导，转变为对学生面临的问题进行解答。

第三种，对分课堂教学模式。对分课堂是近年来我国提倡的一种新的教学模式。其主要教学思想是重新规划课堂上的时间，将其一分为二，一部分用作教师讲授新课，另一部分则留给学生，让他们通过交流互动，消化、理解和吸收所学的知识。对分课堂的教学方式本质上是将心理上的内化部分融入授课和研讨之中，让学生有足够的时间消化教师授课的内容；同时可以做好充分的准备，参加下一节课的研讨。对分课堂又可更进一步分为讲授、独立学习、独立完成作业、分组研讨与班级互动等5个环节，将这5个基本要素有机地结合起来，并加以改造，从而构成了一种完整的教学体系。相对于翻转课堂，对分课堂教学方式更符合当前我国高职学生的实际情况。

（2）高职公共英语自主学习教学模式的实施实例

结合著者所在院校在公共英语课程课时的安排，并参考上述三种教学模式，著者将公共英语自主学习模式的教学单元时间定为两个星期，并将其实施过程划分为以下环节。

其一，第一周的教学设计。

第一周课上：引入话题，启发学生学习兴趣；布置课题，引导学生形成自己学习方法；学生自学，并完成任务；分组交流，并对所学内容进行归纳；精心讲解，解疑答惑，强化实践；布置深度自学作业。

第一周课后：完成深度自学作业。

其二，第二周的教学设计。

第二周课上：分组学习，培养学生独立思考的能力；小组讨论，汇报研究结果；以小组为单位，进行自我评价；教师提出问题，学员回答问题，教师解答疑问。

第二周课后：检查缺漏，归纳和改进；布置灵活任务，展现才能。

对两周的教学设计进行总结。通过以上著者所进行的自主学习安排，学生可以较好地完成自主学习任务。以上的安排将学习分成了两周进行。第一周的课堂上，教师主要负责调动学生的积极性，并对学生的学习策略进行制订。在此阶段中，学生能够完成较浅的自主学习任务，以及难度较低的学习任务。课后，教师布置了难度更大的深度自学任务，留给学生更多的自学空间，学生必须从不同的方向收集各种资料，并进行有关知识的建构，最后才能进行深入、自主学习。在第二周的课堂上，学生利用分组协作，进一步提高自我意识，同时，通过组内交换，他们对任务进行深入了解，拓宽了学习范畴。在课堂上，教师的角色主要包括三个部分：组织教学、归纳学生的成绩、考核评价。传统教学模式的评价主体为教师，而自主学习模式中评价的主体是学生，学生之间的评分与教师对学生的评分相结合。在第二周的课程结束时，学生需要将这两节课上所学的知识整合到自己原来的知识框架中，提升自己的认识层次，并以此为基础，在教师设计的各种学习任务中，充分发挥自己的才能，增强在英语学习中的自信。

五、其他教学方法探索

（一）启发式教学法

1. 启发式教学法的定义

启发式教学法的核心理念是通过激发和引导的方式进行教学，旨在传授知识的同时，激发学生的内在动力，提升他们的学习能力和自主思考能力。这种方法要求教师依据教学目标及学生的学习规律，从学生的实际情况出发，运用多样化的教学手段，创设具有挑战性的问题情境，激发学生的思维活力，从而增强学生学习的积极性和主动性，引导他们进行自主学习与深入思考[①]。

启发式教学法融合了教学理念、教学原则和教学方法等多方面要素，形成了一种全新的教学观念。实施启发式教学，关键在于教师的引导作用与学生的主体地位的有效结合。在高职公共英语教学中，坚持启发式的教学原则，不仅有助于激发学生学习知识的主动性和自觉性，而且能培养学生的学习兴趣和积极进取的精神；对于活跃课堂氛围、全面提升教学质量具有显著的促进效果。

启发式教学注重学生的主体角色，同时重视教师的指导功能。教师通过构建多样化的外部情境，并采用灵活多样的手段激发学生的内在潜能；在教师的指引下，促使学生充分发挥自身的积极性与主动性，全身心投入到学习中，从而成为真正的学习主导者。在这个过程中，学生的思维能力

① 周晶. 高职英语教学中不同教学方法的运用研究［D］. 武汉：华中师范大学，2014.

和实践技能均能得到全面提升。启发式教学强调认知活动与非认知因素的整合，同时凸显了教师引领与学生主体性的互动关系。简而言之，任何旨在促进学生思维发展的教学策略，都可以归类为启发式教学。启发式教学不仅是一种具体的教学方法，而且可以被视为一种教学模式或教学准则，甚至是指导教学实践的核心理念。

2. 启发式教学的原则

一是全面性原则。美国著名的现代教育家布卢姆强调，教育工作者的核心立场应当是为学生寻找合适的教育方式，而非让学生去适应教育。基于这样的理念，启发式教学致力于提升教育质量和所有学生的综合能力，它面向所有学生，确保每名学生都能在启发式教学的过程中获得知识的增长和个人素质的提升。

二是个性化启发原则。教师在对全体学生进行教学时，应意识到学生在年龄、身心发展水平、已有知识基础、理解力、智力、兴趣及性格等方面存在差异，需要根据每名学生的具体情况实施个性化的启发。这样做，可以确保教师的启发具有明确的目标和针对性，在英语教学过程中，能够恰当地引导学生思考，最大限度地激发学生的学习热情[①]。此外，对于中等和学困生来说，他们更需要得到特别的关注，只有当这些学生被充分调动起来，整个课堂的启发式教学目标才能真正得以实现。反之，如果只有少数优秀学生得到了启发，而大部分学生处于被动状态，那么启发式教学的效果将大打折扣。

三是成长导向原则。英语课堂的教学活动不仅要注重学生对知识和技能的掌握，而且应关注学生潜能的发掘和个人特色的培养。因此，启发式教学还必须遵循成长导向原则。只有坚持这一点，才能激发学生的创新潜能，帮助他们在离开校园步入社会后，快速适应新环境，并展现和发展自身的才能，从而使英语课堂中的启发成果在社会实践中持续发挥效用。

四是学生主体性原则。在教学实践中，强调以学生为中心，教师作为引导者和辅助者，旨在激发学生内在的学习动力和潜能。教师的任务在于通过教学内容的解析与指导，教会学生学习并提升自身能力。在英语课堂中，教师应当给予学生充分的尊重与空间，确保学生能够自主地进行学

① 高清. 实施“启发式”教学激活高职英语课堂［J］. 职业教育研究，2007（4）：96-97.

习。为学生安排足够的自主学习时间和环境，可以显著提高其学习积极性，并保持稳定的学习热情，这与哲学的内因与外因相互作用的理论相契合。

五是互动性原则。英语教学本质上是一个动态的互动过程，教师与学生之间的情感交流至关重要。只有双方建立了有效的情感连接，教师才能够准确把握学生的需求与学习状态，适时调整教学策略，以满足学生个性化发展的需求。这种双向互动的流畅性不仅有助于教师精准地实施启发式教学，而且能确保教学效果最大化。相反，如果教师忽略了对学生需求的理解与尊重，仅凭主观设想进行教学，将导致教学效果不佳，甚至引起学生的反感，从而削弱启发式教学的价值与影响力。

六是时效性原则。在引导过程中，特别是在激发疑问、提出疑问、解析疑问及解答疑问的环节，教师应避免直接给出答案，而应引导学生进入一种渴望表达但又难以言表的状态，以此来提升学生的专注度与活跃度。在关键时刻，教师适时的指导能够使学生豁然开朗、茅塞顿开，进而使学生的思维更加流畅。问题得以解决的同时，学生的思考能力也会得到显著提升；反之，若教师过早或过晚地进行引导，则很难取得良好的教学效果。

3. 启发式教学的策略

在高职公共英语课堂教学过程中，为了活跃氛围并激发学生的思考能力，教师应当根据学生的不同特点采用多样化的教学方法。

策略一：设置疑问法。问题是一切探索活动的出发点，也是引导学生思考的关键。教师不仅要擅长解答问题，更要擅长提出问题，将学生的注意力集中在问题的核心上，促使学生主动思考，最终掌握知识。这种方法不同于常规的课堂提问，它要求教师巧妙地设置悬念，让学生暂时处于疑惑状态，从而激起学生解决问题的动力和兴趣。因此，这种教学方法又称为“悬念教学法”。例如，在讲解《新起点大学基础英语教程（读写教程1）》“10单元　冰层不断增厚”时，著者先利用学生已有的知识——全球变暖导致南极冰川融化，使得冰层变薄，并影响全球气候，来设置疑问：“随着全球温度上升，冰层表面应该更加温暖，这是否意味着有更多的水汽进入大气层，从而导致南极地区降雪量增加呢？那么，南极的冰层真的会变薄吗？”这一提问立即将学生的思考带到了现有认知与新知识之间的冲突点上，极大地激发了学生探究答案的兴趣。学生开始积极思考，为后续课文的学习奠定了基础。

策略二：讨论法。在公共英语课堂上，教师可以通过提出问题并组织小组讨论的方式，激发所有学生的思考，促使学生一起探讨问题、分析问题，并借助集体智慧寻求解决方案。这种方法在帮助学生理解课文内容、解决难点及培养创新思维方面效果显著。在思维方式、观察角度、方法运用及知识背景上，每名学生均存在差异，讨论过程能够促进学生相互启发，实现思维互补。在实施讨论时，需注意以下几点。其一，讨论的主题应当贴近学生的实际生活，且能引起他们的兴趣，能激活他们的思考与想象空间，确保学生有话可说，避免使用那些仅用“Yes”或“No”就能简单回答的问题；选择的主题如果与学生的生活经验不符，可能会导致他们缺乏参与的热情，从而使讨论难以开展。其二，讨论的内容应符合学生的认知发展阶段，若学生缺乏必要的知识基础或相关的生活体验，则在讨论过程中可能难以用语言表达自己的想法，进而影响讨论的深入进行。其三，在正式开始讨论之前，给学生足够的时间对特定话题进行准备，并允许他们在讨论过程中做适当的笔记。其四，将讨论设计为竞争性的活动形式，有助于提高学生的参与度和积极性。

策略三：类比法。教师应当巧妙地以学生已经熟知的英语知识点及既有经验作为出发点，通过强调不同对象在特定属性上的相似性，激发学生的类比思维。通过这种抽象的思维过程，学生能够触类旁通，或运用已掌握的知识探索新的未知领域，从而将自己的思考引向新的方向。例如，在教授“affect”时，可以基于其拼写的共同特征，引导学生联想到之前学过的“efficient”“effect”“effort”等单词，这有助于词汇的记忆、辨识和增加词汇量。

策略四：对照法。该方法是指在英语授课过程中，教师引领学生对彼此关联且易于混淆的对象或概念进行正面与反面的对照，同时进行新旧知识的对比。细致剖析其中的相同点与差异点，以激励学生深化理解，并主动思考进而获取新知。此方法能让学生对学习内容留下深刻印象，有助于其理解与记忆。例如，在学习发音符号“[θ]”与“[s]”时，学生需多次进行对照练习，明确两者的区别，并仔细模仿，以确保发音准确无误。

策略五：隐喻引导。当学生在解题过程中遭遇阻碍时，教师运用语言、肢体动作、面部表情等非言语方式，向学生传达信息，激发他们的思考，帮助他们迅速找到问题解决的方向。例如，在完成课文复习时，教师可以将课文的关键点、难点及核心词汇分段板书，当学生在复述中遇到瓶颈时，即可以通过查看板书得到提示，从而顺利完成复述任务。

策略六：情境营造。在英语教学中，构建特定的语言环境，可以激发学生的学习热情，激活他们的感官体验，使学生沉浸在情境中，感受氛围的熏陶与感染；也可以使师生间产生情感共鸣，激发学生探索的激情，驱动他们的智力活动，促使他们自然融入教学过程，提升课堂活力。

4. 高职公共英语教学启发式教学方法的实现途径

（1）备课过程中要体现启发式教学

在备课过程中，教师除了要熟悉教材和教学方法外，还需要深入了解学生性格及学习方式。传统的备课方式要求教师根据课程标准设定的学习目标与学生认知水平，广泛收集相关资料，并将其整合为课堂教学的基础信息或引入环节；随后，依据学生的年龄特点、心理发展规律、现有的知识结构及其接受能力，教师实施差异化的教学策略。教师需对教材内容进行全面解析，确定重点和难点，并以此为基础设计问题情境。同时，教师还需考虑教学语言、板书设计及现代教育技术的应用，进而构建清晰的教学脉络，明确哪些内容适合详细讲解，哪些适宜学生自主学习，哪些则可采取讲练结合的方式。启发式教学旨在发展学生自主学习能力和参与学习的积极性，所以，即使是以往由教师完全独立完成的备课环节，学生也可以参与进来。例如，在进行词汇教学时，在正式开展课堂教学之前，教师可引导学生通过查字典等方式，将新接触词汇的相关词汇以及常用短语等记录下来，让学生留下更深刻的记忆，完成对词汇意义的深度理解；再如，学习英语课文时，可引导他们先进行预习并标记自己理解课文主旨或语法点的疑惑之处，留待课堂上寻求解答。借助这种课前“备课”的方式，学生不仅能提前熟悉将要学习的知识点，做好上课的心理准备①，而且能针对具体问题产生好奇心，从而在听课时更加专注，显著提高学习的

① 陈昊慧. 浅谈启发式教学在高职高专英语课程的应用［J］. 铜仁学院学报，2011，13（4）：112-114.

动力、提升参与度。

（2）授课过程中要体现启发式教学

启发式教学，就是从教材中提取知识，设计一些与文本相关的问题，创造一个语言学习情境；在一种融洽、放松的课堂气氛中，激发学生进行思考，把对知识的被动接受转化成对知识的积极掌握。例如，传统的英语课堂采用的是教师主导的逐词逐句解析方法，主要侧重语法讲解与词汇剖析，直至全文解析完毕。这种教学方式导致文章被拆解得零碎不堪，学生仅仅扮演着收集、存储各种词汇信息的“知识接收器”角色。此类授课模式，让学生一直处在一种被动的接受之中，难以长久地保持主动思考。公共英语课不仅是一个学习知识的过程，也是一个学习语言的过程。为此，高职公共英语教师要改变以往的教学方法，“以人为本”进行教学方法改革，使学生在课堂上得到最大程度的激发；通过对语言的分析、思考、归纳，提高学生的积极性和自主性。

主要方法如下。

① 设计提问要巧妙。问题应精准定位在学生的“当前认知水平”与“潜在提升空间”之间的区域，这是激发学生思维活力的关键。公共英语教师的主要任务在于识别并克服学生的学习障碍，激发其思维火花，持续引导学生深入思考，让他们灵活运用已掌握的知识解决新问题；在教学的起始阶段，适时提出开放式问题，让学生自然融入英语学习情境；通过鼓励学生明确疑惑点，让学生深度理解材料，进而通过阅读、写作、翻译、替换练习、问答、互动对话、角色扮演等方法，引导学生深化对课文的理解。同时，引入相关且有趣的实践知识，以增强学生的学习动力，拓宽其知识视野。教师应指导学生进行全方位的学习实践，即听、说、读、写、练并举，这不仅有助于学生集中注意力，而且能促进其思维习惯的形成，锻炼其反应速度，提升其用英语思考和表达的效能。

② 启发要及时。在完成必要的疑问铺设之后，成功吸引学生的注意力，使学生全神贯注并渴望掌握新知识，此时，教师应当把握良机进行适时的启发。如果学生对某问题产生了适当的反应，教师就应该进一步进行追问，甚至可以提出其他诸多相关性的问题，让学生归纳总结。对于有更多见解的同学，教师应给予足够的认可，以激励他们进行更多的创造性的思考，培养其创新性思维能力的发展。当学生的思路被阻塞，或者理解

出错时，教师要鼓励他们，可以用语言指导和板书重点字等方法，对他们的失误进行间接改正，让他们找准思考的方向，从而促进其思考和学习。在教学过程中，要注重激发与否定两种方式的有机融合，要讲究方式与方法，以对学生的关怀、爱护和了解作为起点，在进行了有效的提问之后，才能进行有价值的评价。

③ 手段要丰富。在英语教学中，构建适宜的语言环境至关重要。加之许多高职学生在英语学习上存在“先天劣势”，若教师依然沿用传统的教学方法，不仅会使教师的教学工作变得艰难，而且会导致学生对学习感到枯燥乏味，进而影响教学成效。作为一种教学手段，多媒体技术有助于营造良好的英语交流氛围、激发学生的学习热情、增强学生的学习主动性和独立性，在启发式教学方面发挥了重要的作用①。鉴于此，从学校层面，高职院校应当积极配置必要的设施。从教师层面，公共英语教师可以利用多媒体技术和现代信息技术来推行多媒体教学，让学生置身于最佳的语言环境中，通过收听声音和观看图像，在具有真实感的语言环境中学习外语。

④ 氛围要和谐。启发式教学需启发学生的智慧，因此要求教师与学生紧密协作，并在情感上完全投入。教师应秉持对教育事业的深厚热情、对学生无私的关爱，以及较强的职业责任感和较高的道德操守。在这种情感驱动下，教师能够以饱满的热情影响学生，激发其对学习的浓厚兴趣。在教学过程中，教师应当努力营造民主和谐的师生关系，鼓励学生积极提问、表达观点、勇于接受挑战和质疑，实现教与学的相互促进。通过这样的方式，启发式教育不仅能够激发师生双方的积极性，还能构建出一个充满活力、互动频繁的教学环境，形成持续优化的教学循环系统。

在采用启发式教学法时，英语教师需明确自身角色。教师的任务不应仅限于规划课堂活动及直接传授知识，更重要的是营造良好的师生互动环境，激发并推动学生的自我学习动力，同时给予必要的支持与指导，以增强学生自主学习能力。在此教学理念指导下，教师应持续审视自身的教学实践，不断精进教学技能，优化教学过程，并坚定地秉持“一切以学生为

---

① 陈吴慧. 浅谈启发式教学在高职高专英语课程的应用［J］. 铜仁学院学报，2011，13（4）：112-114.

中心”的教育信念，并通过这种方式，确保作为课堂核心的学生能够全情投入学习活动，从而使学生的主体地位在教学互动中得以充分体现，最终实现启发式教学的核心目标——即使学生离开校园，在缺乏教师指导的情况下，学生也能凭借在校期间所习得的学习技巧和领悟的学习策略，实现自我激励、自我学习及终身学习的目标。

（二）交际教学法

1. 交际教学法的定义

交际教学法，又名功能教学法或意念教学法，它起源于英国语言学家威尔金斯的初步探索，并在威尔金斯著作《理论教程》中得以系统化和完善。随后，美国的社会语言学家海姆斯针对乔姆斯基关于语言能力的观点[①]，进一步提出了交际能力的概念。海姆斯强调，交际能力不仅涉及对语言形式或语法的熟练掌握，更重要的是，交际能力关乎个体在社会情境中运用语言的能力。这一观点指出，交际能力涵盖了语用知识与技能，意味着学生不仅需要理解并运用语言规则，更需具备在恰当的场合、时间，以恰当的方式进行有效沟通的能力。通过这种能力，学生能够在社会互动中自如地运用语言，实现信息的有效传递。

自海姆斯提出交际能力的概念后，众多应用语言学家深入探讨了这一概念。威多森指出，仅仅具备理解和生成语法正确的句子的能力对于有效交际并无多大贡献，成功的交际在于运用符合语法规则的句子来实现各种语言功能。他将语言的意义划分为两部分：一部分是语言元素在语言体系内的意义，另一部分则是语言在实际运用中的交流意义。卡纳尔和斯温强调，交际能力应涵盖四个关键方面：语言能力、社会能力、语言策略能力和话语能力。利特伍德补充，语言交际教学的目标不仅是教授语言结构、语法和语言技能，更是通过教师的支持提升学生的交际能力[②]。

Howatt 提出，语言不仅承载信息，而且反映了说话者的意图和观念。他区分了两种关于交际法的论述：一种是所谓“弱”观点，主张为了交际而学习语言；另一种是“强”观点，认为语言的学习应当基于交际需求，

---

① 黄慧华. 运用交际教学法推动泰国高中汉语教学［D］. 天津：天津师范大学，2016.

② 谭美云. BEC 口语测试对商务英语口语教学的反拨作用［J］. 长沙铁道学院学报（社会科学版），2009，10（1）：242-243.

在实际交流过程中发展。

综上所述，从海姆斯到Howatt，学者们对交际能力的研究经历了从单一的语言技能到全面的交际技能的转变，强调了语言在实际交流中的动态性和复杂性。

交际教学法的核心理念在于培养学生的交流技巧，使其深入理解语言规则及在实际情境下的灵活应用，将这些视为语言教育的根本目标。在课堂教学中，交际能力的构建被细分为语言能力、语用能力和综合能力三个层面。所谓“能力”，在此不仅包括对知识的理解，而且包括对技能的掌握。交际能力的培育并非单纯将语言能力与语用能力相加，而是使学生能够在日常的语言互动中，自如且恰当地表达自己的思想与见解。因此，在教育过程中，还应着重于提升学生的综合能力，这不仅要求他们具备扎实的语言基础和恰当的用语习惯，更需他们能够适应不同情境，有效沟通，从而提升全面的交流效率。

2. 交际教学法的特征

交际教学法根植于社会语言学，以交际功能为核心，主要目标在于培育学生的语言交际能力。利特伍德强调，此方法最显著特性之一在于其兼顾语言的功能属性与结构特质。交际法的关键特性可归纳为以下5个方面。

第一，以学生为主体。在课堂教学中，学生处于核心位置，教师则扮演协助、辅助、参与管理的角色，引导学生借助新学的语言元素，实施特定的交际任务。此方法旨在凸显学生的主体性，尊重并保护其个人权益，在教学过程中全面体现对学生的人文关怀与引导。学生不仅是知识的接收者，而且是其使用者；教师需致力于指导学生将所学知识应用于问题解决及任务完成①。

第二，聚焦于培养语言交际能力。第二语言教育的核心宗旨在于协助学生习得并提升语言交际的能力。评判语言交际是否成功的关键并非所使用的语法结构的规范性，而在于能否有效地传达交际意图。在英语教学中运用交际教学法时，应当尽可能多地给予学生使用英语口语交流或书面表达的机会，这为提高学生的英语交际技巧提供了极佳的实践平台。交际能力建立在理解与表达的基础上，是每个人都需要掌握的重要技能之一，同

① 黄慧华. 运用交际教学法推动泰国高中汉语教学［D］. 天津：天津师范大学，2016.

时是每个人在社会生活中不可或缺的基本能力，对学生的学习、职业发展及日常生活有着广泛的影响。

第三，围绕功能项目展开教学。除了语言能力之外，学生还需具备相应的交际能力。为了实现运用语言进行有效交际的目标，在开展教学活动之前，教师需评估学生的需求。具体而言，教师应明确学生需掌握哪些语言功能及相关的语言形式，确保学生能够将所学知识应用于实践，如进行问候、送别、接待访客、送行及探视等。教师应当清晰地了解当前的教学重点、预测未来学生所需使用的语言内容，不常用的内容可以暂时不予教授，按照使用的频繁程度传授。以功能项目为核心的教学内容编排方式，并非单纯依据语言形式，而是根据学生未来实际需求来确定教学目标的重点。

第四，聚焦于技能锻炼。交际教学法着重于全面的技能训练。课堂主要集中在交际效能的提升，而非仅仅关注语法框架下的语言技能培养，因为缺乏语言基础，就难以实现有效的交流。美国学者定义了三种交流模型：理解解读、人际互动及表达展示。这三种交流模型中，理解解读主要涉及听和读；人际互动则涵盖听、说、读、写四个方面；表达展示主要体现在说和写上。若能在教学过程中促使学生综合运用听、说、读、写等多元技能，将显著提升他们的交际能力。

第五，侧重真实或仿真的交流情境。交际教学法旨在通过一系列课堂活动来提升学生的交际技巧。学生不仅要掌握语言知识，而且要学会如何恰当地使用语言。仅仅学会构建句子是远远不够的，还需要了解如何与人有效沟通，如何时应该发言，何时应保持沉默；面对不同对象时，如何选择恰当的话语和表达方式等。在课堂教学中，教师通常借助新闻报道、天气预报、影视作品、短剧、歌曲等多种媒介，引导学生进入社会交际的环境。常见的教学活动形式包括游戏、对话、故事讲述、讨论、辩论、角色扮演等，其目标在于培养学生的真实交际能力。

交际教学法并非侧重于交际而忽视语法学习，亦非仅仅关注口语而轻视书面表达，更不是追求流畅度而牺牲准确性。相反，该方法强调所有这些元素的重要性，旨在全面提高学生的交际能力。为了实现这一目标，交际教学法通常采用合作学习的形式，如两人活动、小组讨论等，从而构建互动式的教学环境。在应用交际教学法时，教师应致力于创造真实的语言情境，并设计具有实际意义的语言实践活动，让学生掌握基本语言结构之后，通过实践来进行语言输出。交际教学法下的课堂活动形式多样，灵活多变，旨在促进学生的有效参与和语言运用。有学者提出该教学法的三种基于意义中心的活动类型：信息传递活动、推理思考活动以及观点表达活动。这些活动旨在帮助学生在不同情境中运用语言，促进理解和表达能力的发展。此外，交际教学法还鼓励通过小组活动、双人对话、小组讨论等模式，进一步丰富教学手段，增强学生的参与度和实践机会。

交际教学法还要以社会环境为重点。社会环境被细分为语言环境与人文环境两大部分。语言环境包括视觉与听觉两个维度，具体涵盖报纸、杂志、图书、计算机、广告、标识等视觉媒介，以及广播、电视、电影、戏剧、录像等听觉媒介；人文环境则涉及物质文明、人际互动、风俗传统、历史文化等多个方面。在外语的教育场景中，学生通常缺乏真实的语言环境，特别是目标语言环境的缺失，对语言习得构成了一定障碍。因此，教师应积极创设模拟环境，鼓励学生进行口语实践、语言操练和自我表达，将日常生活元素引入课堂，以强化学生的语言应用技能，进而提升其实际交际中的语言运用能力。

3. 交际教学法在高职公共英语教学中的作用

（1）改变高职公共英语教师的教学观念

在传统的教育理念驱使下，许多人将英语教学等同于学科知识的传递。在此背景下，英语教师通常侧重理论知识的灌输，坚信学生只要熟练掌握词汇、语法规则等，便能自如运用英语进行交流。然而，真正的交际能力强调的是学生在特定情境下灵活运用语言知识[①]。单纯要求学生熟悉英语基础知识，并不足以满足其社会交往的需求；还要求学生理解在交际过程中应遵循的英语语言规则，并在具体场景中熟练运用。对高职公共英语教师而言，采用交际教学法不仅有助于明确教学的核心目的，而且能促使教师摒弃传统的教学观念引导学生从实际应用角度出发学习英语，培养学生在不同环境下的沟通技巧和语言适应能力。

① 项伙珍. 交际教学法在高职英语课堂教学中的应用［J］. 长江工程职业技术学院学报，2017，34（2）：67-69.

（2）提高高职公共英语教师的教学能力

① 交际教学法的应用改变了高职公共英语教师在教学活动中的定位，这一转变对高职公共英语教师的专业能力提出了更高要求，包括组织教学内容的能力、驾驭课堂的技巧、持续更新知识的能力，以及协调学生互动的能力。② 交际教学法强调构建真实且吸引人的语言环境，并通过适宜的方式促进交流，这要求高职公共英语教师在授课前深入理解教材内容。③ 运用交际教学法时，常见的课堂组织形式包括配对活动、小组研讨、角色扮演等，旨在实现有效的交际目标。④ 高职公共英语教师需明确设定任务，确保学生能够通过实践活动达到预期的学习效果。⑤ 为了使交际教学法得以有效实施，高职公共英语教师需要不断自我提升，紧跟时代步伐，持续增强教学技能。⑥ 研究显示，语言能力的局限性是影响许多教师采用交际教学法的关键因素之一。因此，高职公共英语教师应终身学习。⑦ 从交际教学法的本质来看，教师虽非主体，却在整个教学过程中起着核心作用。教师不仅需要全面理解教学内容及教学目标，还需要深入了解学生，融入学生的学习情境，以及时发现问题并给予指导。这不仅要求高职公共英语教师具有丰富的专业知识，还要求其具备综合能力，如人际交往能力、适应变化能力、创新能力等。

（3）突出学生在学习中的主体地位

交际教学法显著提升了英语教育的有效性，通过个性化教学设计满足学生的具体需求，进而明确课程内容与目标。这种教学方法不仅让课堂环境贴近现实情境，更能有效地激发学生的学习热情，促使学生主动参与学习，确保教学活动的顺利开展，同时能够有效提升教师的教学效能。交际教学法还巧妙地整合了词汇、语法等基础知识与语言运用能力，促进学生全面的语言技能发展。更重要的是，它强化了学生在课堂中的主体地位，通过师生间及同学间的互动交流，极大地提高了教学效果。

（4）促进教师与学生之间的互动交流

采用交际教学法可以激励学生积极运用自身的语言能力，从而增强其学习动力。此外，通过建立与同伴及教师间平等和谐的交流渠道，学生的个性能够在教学过程中得到充分展现和全面发展，进而促进师生关系的和谐发展。构建这样的良好关系，有助于营造更为轻松愉快的英语课堂氛围，极大地减轻学生在传统课堂中可能受到的压力，有利于激发学生的思维灵活性并培养其创新思维能力。

高职公共英语教学采用交际教学法可以构建起教学与交际之间的互动关系。一方面，从交际的角度出发，语言被视为传达意义的关键工具，因此，教师在实施任何教学活动时，其核心目标均是提升学生的英语实际交际能力；另一方面，在英语的实际交际中，相较于精确度，更重视的是语言的流畅度。与传统教学方式相比，对于学生在语法使用上的失误，英语教学中的交际教学法展现出了更大的容忍度。这不仅有助于增强学生在英语学习过程中的自信心，还能提升他们交流时的灵活性与流利度。此外，采取交际教学法能够有效地确立以学生为中心的教学理念。应用此教学法，使学生处于课堂的核心位置，在结合学生的实际需求的情况下，教学活动实现了语言与应用的融合。教师扮演着指导者的角色，精心规划课堂上的交际活动，并将激发学生的学习兴趣作为教学的一种策略，以此来加强学生的语言交际技巧。

4. 高职公共英语交际教学法的应用策略

实施交际教学法可以显著增强英语的实际应用价值，其核心不仅在于教学策略的创新，更在于追求教学的本质目标。为了在英语教育中有效实践交际教学法并提升学生的语言运用能力，可采用以下具体策略。

其一，营造真实的交际教学情境。公共英语教师需依据学生的实际水平，设计贴近生活的教学场景，如通过教材内容的解析，引导学生设想对话情境，或提供关键词，鼓励学生自主构建对话。此外，角色扮演活动也是强化交际技能的有效手段，基于教材内容，教师应预先准备相应的道具，利用互动环节激发学生兴趣，提高他们在英语学习中的主动性。辩论或演讲竞赛则能进一步锻炼学生的英语应对技巧，培养其在不同语境下的灵活表达能力。

其二，拓展语言交际空间。英语语言的实践性特性要求高职公共教师在授课过程中设计实践活动。从根本上讲，教学活动与语言交流之间还存在着一些差异：活动更侧重于形式的掌握，英语教学倾向于固定句型的练习，而交流则要求能在思维层面建立关联，即学生间、师生间的互动需对语言使用进行反思。例如，在开展交流练习时，教师可以采用“问句+追问”的形式引发学生的思考。教师如果仅提出“Do you want to travel around the world?”这一问题，学生的回答往往是“Yes, I do.”或“No, I don't.”，但如果教师继续追问：“Do you want to travel around the world? Why?”学生就要进一步思考答案背后的原因再给出答案。因此，这种方式不仅可以让学生练习句型，还可以引导学生对问题进行更深层次的思考。应用交流法的核心目标在于有效提升学生实际交流的能力，而非仅仅让他们掌握规定的语言句型。因此，英语教师在授课时应构建恰当的语言使用情境，以激发学生的思考，并增强他们灵活运用语言的能力。

其三，强调学生的主体地位。基于实践操作的特点，高职公共英语教师在授课时应始终将学生置于课堂的核心位置，依据学生的具体状况，采用互动教学法，全方位提升学生的语言基础、口语表达及翻译技能，以增强学生的英语综合素养。为此，高职公共教师需根据学生的实际情况选择教学内容，给予他们更多口语和听力的自主实践机会。在课堂上，教师可以采用全英文教学方法，强化发音、语调等训练，以提升学生的听力理解能力。同时鼓励学生用英语进行日常对话，广泛阅读英文书籍、杂志、报纸，观看影视作品，借此积累语言交际知识并锻炼语言运用能力。通过上述手段，教师不仅能营造一种更加融洽和轻松的教学氛围，还能激发学生的自我学习积极性，进而促进教学效果的优化。

其四，激发学生日常英语交流的积极性。相较于传统的英语教学方式，采用交际教学法时，教师对学生的语法错误持有更为宽容的态度，积极鼓励学生在日常生活中使用英语进行交流，以激发学生的学习兴趣并增强其自信心。因此，在实施英语交际教学的过程中，高职公共英语教师应适时引导学生的思考方向，促使他们用英语表达自己的想法，通过不断积累语言经验来提升自身的语言能力。实践中著者发现，多数学生之所以不愿意开口说英语，主要是因为担心在交流中出现错误，因此，高职公共英语教师需要采取合理的激励措施，并以宽容的心态对待学生的错误，从而帮助学生建立起英语交流的自信。

第四章

基于职业能力培养的高职公共英语知识与技能教学

一、词汇与语法教学

（一）英语词汇教学

1. 英语词汇教学意义

众多语言学者均强调了词汇在外语学习中的核心地位。英国知名学者威尔金斯提出："没有语法，人们不能表达很多东西，而没有词汇，人们则无法表达任何东西。"[①]可见，词汇是语言中传达意义的关键载体，而在语言生成、理解、储存及检索的过程中，意义则扮演着至关重要的角色。外语教学的目标不仅在于教授目标语言的语法规则与结构，而且在于使学生能够运用这些规则和结构进行有效的沟通交流。鉴于此，词汇教学无疑是英语教学必不可少的部分。

2. 英语词汇教学原则

（1）综合教学原则

语言中的词可被视为构建材料，是意义承载单元。每个词都涵盖了语音、书写形态及含义这三个维度，这些维度并非独立存在的，而是彼此关联、相互作用的。因此，在英语教学领域内的词汇教学，实质上是对词语的发音、形式及含义进行综合性的指导。

关于词语的发音，主要关注的是单词的拼读规则、重音位置等语音特

① 缪素琴. 多维度英语词汇教学［J］. 教学与管理，2013（1）：68-70.

点，这些因素对于听者准确理解词义至关重要。英语中普遍存在多义词和多功能词，即使词形相同，如果重音位置有所差异，也可能导致词性发生变化。例如，“record”这个单词，当重音落在第一个音节，即读作［ˈrekɔːd］时，它是一个名词；若重音置于第二个音节，读为［riˈkɔːd］时，其词性则转变为动词。由此可见，发音的准确性直接影响词汇学习的质量和效果，因此，学习词汇时应当从正确的发音入手，并注重语音、书写形态与含义三者的结合。

从词语的外部形态角度分析，词是由语素构成的，而语素可以分为两大类：一类是可以独立成词的自由语素（如tree、work等），另一类则是无法独立存在的黏着语素（如-ful、re-等）。针对词语形态的教学，涉及词语结构及其规律的讲解。

相较于词语的发音和外部形态，词义在英语教学中显得更为复杂。这是因为不同语言之间几乎不存在意义完全相同的词。同一个词，在不同的语言环境下可能具有不同的含义，比如英语中的“politics”与汉语中的“政治”并非完全对应。此外，同一个词根据使用场景的不同，其含义也会发生显著的变化①。

（2）交际化词汇教学原则

传统的英语词汇教学往往将词汇视为独立的学习对象，其教学流程一般包括发音讲解、构成解析、意义列举及造句实践等步骤。然而，这样的方法往往让学生感到乏味，不利于深入理解和有效记忆词汇。实际上，语言的使用是以句子为基本单位的，在日常交流中，人们通常借助句子来传递信息和表达思想，而单词只是构成句子的元素之一。因此，为了让学生能够真正理解和运用词汇，应当在具体情境下，通过句子来教授词汇的意义和用法。这样不仅能够帮助学生更好地理解词汇在实际对话中的应用，还能更直观地展现词汇的发音特点、变化规律及各种含义之间的关联。教师通过将词语融入真实的语境，使学生能够在具体的语言环境中感受到词语的用法，从而更深刻地理解词语的意义，并学会灵活运用。这种教学方式不仅丰富了学习过程，而且提高了学习效率，有助于培养学生的语言运

① 熊昌英. 对比分析理论在高职英语词汇教学中的应用研究［D］. 武汉：华中师范大学，2008.

用能力。

（3）结合文化背景原则

英语教学应当重视将语言文化背景融入词汇教学。不同语言之间，词语含义完全一致的情形实属罕见。有时，即便词语含义大部分相同，其所代表的概念在不同的语言文化中也会存在差异。例如，英语中的“idealist”一词通常用来形容有理想、有追求的人，含有正面评价的意味；然而，该词在汉语翻译时的另一含义“唯心主义者”却常常被用来描述那些脱离实际、爱空想的人，带有一定的贬义。再如，“fat”和“胖”这两个词虽然都用来描述某种身材，但在文化认知上却有着天壤之别：在中国文化里，“胖”被视为一种福气；而在英美文化中，人们并不认为“胖”是一种福气，反而认为它是不美的表现。对于此类词语，在外语教学中，教师如果不结合目标语言的文化背景进行讲解，学生将难以准确理解并恰当运用。

（4）词汇与语言能力培养相结合原则

尽管英语词语数量达上百万，构成这些词语的基本元素却是有限的。无论是从发音、拼写的角度来看，还是从意义的角度分析，每一个英语单词都与其他单词存在着错综复杂的关联，并共同构成了整个英语词汇体系。因此，词汇教学最核心的任务之一，便是向学生揭示词语的系统性和相互联系性，帮助学生掌握词语演变和转换的规律，从而将死记硬背转变为有意义的记忆。这意味着，教师在准备课程时，不应仅仅局限于从各种词典中摘录大量的词义信息，然后一股脑地传授给学生，使学生机械地记忆，而应该深入探究新词与已学词语之间在形式、发音及含义等方面的关联，并寻找那些能够最大限度地激发学生兴趣和注意力的关键点。相应地，学生在词汇学习过程中的主要任务应当是观察和思考，以便发现单词之间的内在联系。教师尤其应当鼓励学生主动探索那些未被词典、教科书或参考资料提及的联系，以及一个单词与其他多个单词之间的多种形式的关联，例如形式、发音的关联，意义的关联，使用场景的关联，以及结构上的关联等。

主要的词汇教学活动涉及真实的或模拟的交流活动，如听、说、读、写等。在这些活动（特别是对原版作品的阅读）中，词语自然而然地与语法、句式、文章类型及风格相结合，形成一个全面的语言教学过程。这意味着讲授词语与讲授语言交流并无二致。减少纯粹的词汇教学时间，而增加运用词语、巩固词语及扩大词汇量的阅读与课文学习时间，是词汇教学取得成效的核心。在阅读和课文教学过程中，师生共同关注的是内容本身，而非词语，看似忽略了词汇，实际上却通过大量接触、理解和吸收来实现对词汇的学习，这正是词汇教学的一种辩证方法。在普通高职院校的英语教学中，词汇与阅读之间的关系密不可分。唯有勇于在学生的词汇量尚有限的情况下，大胆推进阅读教学，让已学词语、新词语都与交流活动及语言的整体结构紧密相连，才能实现生动活泼的词汇教学，进而为学生的语言能力培养打下坚实基础。

（5）情感原则

依据Krashen的情感过滤假说，所谓情感过滤是一个心理屏障，它限制了学生对于可理解性知识输入的吸收能力，从而阻碍了语言习得的进程。这一过程深受情绪因素的制约，情绪因素包括动机、需求、态度及情感状态等。这些情绪因素被视为动态调节机制，对信息的传递起到筛选作用。只有经过这一过滤过程，语言输入才容易被大脑有效吸收。过滤强度与吸收量成反比：过滤作用弱，则吸收的信息量多；反之，则吸收的信息量少。在词汇教学实践中，教师应积极培养学生正面的学习态度与动机，同时努力减轻学习过程中可能产生的消极情绪和焦虑感。

3. 高职公共英语词汇教学的实施策略

（1）区别学习目标

为了适应不同层次的高职学生英语基础，公共英语课程在教学中可设定差异化的学习目标，具体可以细分为以下几个层次。

第一种，满足高职公用英语课程开卷考试的基本要求，即掌握约1200个词语的基本意义，通过这类考试以确保学生能够正常完成学业并取得毕业资格；第二种，符合英语B级考试的标准，即掌握大约2500个词语及其常见搭配，并能够准确拼写其中约1500个词语，具备一定的语言应用能力，进而通过该级别考试获取相应的证书；第三种，达到英语A级考试的水平，即掌握大约3400个词语及其常见搭配，熟练拼写其中约2000个单词，具备较强的综合语言运用能力，成功通过A级考试获得证书；第四种，满足专升本英语考试的需求，即熟悉大约3800个词语及其常见搭配，能够准确拼写其中约2500个单词，拥有良好的语言运用能力，确保在专升本英语考试中达到合格标准[①]。

针对不同需求实施差异化教学，不仅有助于学生清晰地认识自己的学习目标，还能保证学习过程有序开展，同时有效降低学习难度，帮助学生克服学习中的畏难情绪，树立起学习的信心。

（2）重视语音教学，利用自然拼读识记单词

英语和汉语两者差异显著，尤其在发音方面存在着根本性的区别。小学英语教师往往忽视语音教学；初中及高中教师则将提升考试成绩视为首要目标，难以腾出时间进行语音教学；若高职英语教师同样忽略这一重要环节，不对学生进行系统的语音指导，则会对学生今后语言综合运用能力的提升产生不利影响。基于此，著者认为学好语音具有以下几点意义。

其一，有助于学生把握英语单词的发音规则，实现单词的迅速、准确拼读，即无须死记硬背可实现单词的长期记忆，从而减轻学习负担，同时能提升学生自主扩展词汇量的能力。

其二，能够有效促进学生听力与口语技能的提高，最终达成在实际工作与生活中运用英语进行沟通交流的目标。

故此，高职公共英语教师需深刻理解英语语音教学的关键性与迫切性，增加一些语音教学时间，构建合理、全面的语音课程体系，采用多种形式和富有吸引力的教学策略，例如运用“英语趣味模仿”和“有道词典每日一句”信息化教育资源，综合提升学生的学习兴趣。同时，通过举办多样化的活动，例如英语朗诵、经典电影配音、歌曲演唱比赛等，逐步提升学生的英语发音水平。

（3）从多角度出发，积极创设情境教学

当前，在许多高职院校的公共英语课堂上，教师常常过度依赖“词汇表”，将其视为不可或缺的教学资源，将简单的记忆和抄写视作词汇教学的核心手段。这种做法导致学生仅能停留在单词的机械背诵上，而远离了他们的真实生活经验和认知发展规律，进而使英语学习变得单调乏味。这种输入信息的严重不足直接导致学生在口语表达和书面写作时感到力不从心。这种情况在阅读理解和写作技巧方面尤为突出，而在高等职业英语

① 杨柳娜. 高职英语词汇教学策略实证研究：以平凉职业技术学院为例［J］. 海外英语，2023（6）：226–228.

A、B级考试及专升本考试中，阅读和写作占相当大的比重，导致学生的成绩却往往不尽如人意。因此，著者认为，高职院校公共英语教师应当从教育学、心理学及语言学的角度出发，积极采用情境教学法，并遵循以下原则：一是构建贴近生活的场景，确保其真实性和自然性；二是根据当代高职学生的兴趣点设置情境，确保这些情境符合其认知特点，并确保具有现代感，紧跟时代步伐；三是教学形式需丰富多样；四是在情境中通过反复练习加强听、说、读、写、译等综合技能的培养①。

（4）注重第二课堂开发与建设，加大监控与督导

当前的高职公共英语课程教学课时有限，单靠教师个人的努力和传统的课堂教学难以满足多样化的教学需求，例如提高英语考试成绩、培养学生的综合英语能力等。因此，英语教师应当积极探索第二课堂的教学模式，通过多元化的渠道和形式来丰富第二课堂的内容；打破时间和空间的限制，推动英语词汇教学向探索式学习、个性化学习、协作学习及终身学习的方向迈进。首先，当代高职学生几乎都拥有智能手机或平板电脑，他们也是互联网时代的"原住民"，因此公共英语教师应当充分利用这一特点，积极挖掘和利用这些移动学习设备，引导学生学会使用在线学习资源，如一些可安装在手机或者平板电脑上的应用程序，包括"英语轻松读""百词斩""英语电台""墨墨背单词""有道口语大师"等，从而能够有效地帮助学生学习英语。其次，持续开展一系列常态化活动，如团队共同预习复习课程、英语角、影视音乐鉴赏、情景剧表演、手抄报及英语知识讲座等，提升学生英语学习兴趣。再次，成立英语兴趣小组、校园英语广播电台等多样化的英语学习组织，引导学生参与不同层级的英语竞赛，营造浓厚的校园英语学习环境。最后，实施严格的管理制度，增强监督和指导力度，建立科学合理的评价与审核机制，确保第二课堂活动的顺利开展。

（5）重视培养学生情感、毅力等非智力方面因素

心理学研究指出，智力因素在学生的学习过程和提高效率中起关键作用，而非智力因素的影响同样不可忽视。非智力因素涵盖了学生坚韧不拔

① 杨柳娜. 高职英语词汇教学策略实证研究：以平凉职业技术学院为例［J］. 海外英语，2023（6）：226-228.

的意志、坚定的信仰追求和面对挑战的勇气，还包括培养自信、自强、健康的心理素质等，这些因素对智力的发展具有显著的促进作用。鉴于此，在英语教学中，高职院校的公共英语教师应着重关注以下几个方面。

一是确立学习目标，激发探索欲望。加强学生对学习目标的认识，通过成功的体验来提升学生的自信心，教师需对学习成果给予正面反馈以增强其学习动机。

二是提升学习兴趣，促进主动参与。在英语课堂上强调学生的主体地位，教师应创造轻松愉悦的教学环境；将知识传授与趣味性相结合，拓展学生的知识视野；设计多样化的课堂活动，例如单词游戏、英语电影角色扮演等；建立和谐的师生关系，并给予学生适当的激励与评价。

三是教师引导学生养成良好的英文学习习惯。例如，鼓励学生每日坚持高声朗诵课本内容；遇到不认识或不理解的词语时，能够主动翻阅工具书；制订课外阅读的计划，并能够按时按量完成计划；养成课前预习与课后复习的习惯；养成积极思考并归纳总结的学习习惯等。

四是强化学习方法指导，锻炼学生的独立学习能力。在高职公共英语教学中，教师应激励学生，让他们最大限度地发挥学习的自觉性，锻炼独立学习能力，具体包括：设定清晰的个人学习计划的能力，理解和把握教材的能力，善于运用所学知识掌握技能、有效利用线上与线下学习资源的能力，自我激励、自我调整以及自我评价的能力，等等。

高质量的词汇教学对于提升学生的英语整体水平及确保英语课堂的成功至关重要。面对英语基础较为薄弱的高职学生，公共英语教师需具备高度的责任心与使命感，并站在学生的立场上思考问题。在教学实践中，教师应广泛运用先进的教学理念、合理的教学手段及巧妙的教学技巧，持续激发学生的好奇心与学习英语的兴趣，以提升课堂的教学效果，达成高等职业教育的教学目标，从而为学生的学业和职业发展奠定坚实的基础。

（二）英语语法教学

1. 高职公共英语语法教学的重要性和必要性

语法对于建立语言框架及开展语言交流至关重要。英语语法构成了英语学习的基石，是语言技能提升的核心。对高职学生而言，深入学习英语语法能够使他们更精准地把握英语的内在规律，从而提升他们的英语实践技能及交流的技巧。高职教育的宗旨是培育具备实战能力的专业技术人才，公共英语作为高职教育中的必修基础课程，其重要性不言而喻，因此，高职英语语法的教学应紧密结合职业教育的实际需求，强调实用性，并着重提升学生的英语应用能力及职业素质，确保学生能够学以致用。首先，英语语法对于高职学生而言是一项基础技能。在未来的职场生涯中，学生需要运用英语进行有效的沟通与交流，而坚实的英语语法知识是实现此目标的基础之一。其次，英语语法也与学生的专业知识紧密相连，是他们获取专业技术和知识的关键工具。最后，高职英语语法教学在培养学生的思维能力方面发挥着关键作用。语法学习涉及观察、分析、对比和总结等高阶思维过程，这些过程有助于锻炼学生的逻辑思维和创新能力。总而言之，高职英语语法教学在提升学生英语应用能力和沟通交流水平方面发挥着至关重要的作用，同时是塑造高职学生思维能力、职业素养和综合实力的关键途径。因此，必须高度重视高职英语语法的教学工作，并采取有效措施以提升教师的教学质量[①]。

2. 高职公共英语语法教学的实施策略

（1）优化教学设计

高职教育注重专业技能的培养，英语课程的课时相对有限。然而，教师可通过巧妙的时间管理、深入浅出的教学方法、创新的教学模式、强调实用性及培养学生的自我学习能力等策略来弥补语法教学时间上的不足。具体实施策略如下。

其一，明确教学目标。每一堂课或每一语法教学单元都应设定清晰、具体的教学目标，使学生明白所学内容及预期达成的标准。

其二，合理规划时间。根据教学目标和学生的实际情况，科学分配各部分教学内容的时间，确保所有重点都能得到充分讲解和实践。

其三，精讲多练。采用简洁明了的方式讲解语法规则，并提供大量练习机会。

其四，创新教学模式。利用情景模拟、小组讨论、角色扮演等多种教

① 谭菲菲. 高职英语语法教学难点及解决策略研究［J］. 现代职业教育，2023（34）：137-140.

学方式，增强学习的趣味性。

其五，选择相关实例。选取与学生专业领域或未来职业紧密关联的例子和场景，使学生认识到语法不仅是考试所需，更是有效沟通的重要工具。

其六，及时反馈调整。课程结束时收集学生反馈，了解其学习状况，并据此调整教学计划，使课程更加贴近学生的需求和个人能力。

上述措施能够有效改进高职公共英语语法教学，提高教学质量和效果，助力学生更好地掌握语法知识。

（2）精选语法知识点

在高职公共英语语法教学中，教师应当精挑细选与学生实际水平及需求相符的语法知识点，以实现有目的性和针对性的教学。以下为选取合适语法知识点的具体方式。

一是了解学生的需求与现有水平。在确定语法教学内容前，教师需通过与学生互动交流、课堂观察或小型测试等手段来把握学生的实际英语水平与需求。

二是挑选实用性强的语法项目。基于对学生需求和水平的理解，教师应选择那些与学生日常生活紧密相关的语法项目作为教学重点。

三是强调语言环境与实际操作的结合。在挑选语法教学点时，教师应重视语境的融入与实际应用的结合。教师应将语法规则与生活场景相衔接，使学生能在具体语境中理解和应用语法，进而增强语法知识的实际运用能力和教学成效。

四是适度提升教学深度与广度。在筛选语法教学点时，教师应适当拓宽和深化课程内容。对于核心的语法项目，教师应进行详尽的解析并使学生进行充分的练习，助力学生熟练掌握和运用这些语法规则。同时，教师也可适量引入一些较高级的语法内容，以适应那些英语基础较为扎实的学生的需求。

五是精心规划教学内容。在规划和安排教学内容时，公共英语教师首先应对学生当前的学习情况做到心中有数，再结合学生对于知识的掌握情况和教学进度，对语法课程进行合理的课时分配，确保学生在既定教学周期内掌握这些知识。

以上为著者结合自身教学经验总结出的精选语法知识点的具体方式，

对于高职学生来说，英语语法的学习是具有一定困难的，因此，公共英语教师在选择语法知识点时，需要结合高职学生的实际情况，使教学策略更具有针对性。

（3）强化基础知识教学

首先，应重视词汇的传授。词汇构成语言学习的根本，语法教学必须以词汇学习为基石。在教学实践中，公共英语教师应着眼于词语的书写、读音、含义及使用，借助持续的操练与应用，使学生熟练掌握词语的正确使用方式及搭配。其次，要加大对语法基础概念的阐释与实操训练。语法是语言学习的核心，在高等职业教育英语语法教学中，教师应强化语法基础概念的解释与实操练习。比如，对常用动词时态、形容词与副词的级别变化、情态动词等要点进行详尽的讲解与实操，助力学生把握基本的语法规则及运用技巧。再次，应关注发音教学。准确的发音是语言学习的关键要素，同时是语法教学不可或缺的组成部分。因此，教师应重视发音教学，使学生能够正确地掌握发音与语调。最后，应强化阅读与写作的训练。在学习了一定的知识后，还需要一些训练手段来对所学知识进行巩固，在英语的语法学习方面，阅读与写作就是这种手段，且对学生开展此方面的训练，不仅能够使其对语法知识进行巩固，使知识内化，还能够提升其应用能力。因此，公共英语教师应强化阅读与写作的练习。借助以上几种加强基础知识教学的手段，学生能够很好地强化自身对于英语基础知识的掌握，为深入学习及应用打下坚实的基础。

（4）采用多元教学方法

若高职公共英语语法教学的方法过于单调，可能会影响学生的学习兴趣。因此，教师需要借助于多元化的教学方法来提升教学质量，进而帮助学生更有效地掌握英语语法，并增强其应用技能及跨文化沟通能力。以下是一些可供借鉴的策略。

① 启发式教学法，即教师构建情境，引导学生自行探索语法规则和技巧，让学生在语境分析中归纳语法规则。

② 归纳法，即通过收集同类语法现象，总结它们的共同点和规律，以加深学生对语法知识的理解。教师可指导学生整理语料库中的句型，归纳其规律，进而帮助学生深入掌握语法规则。

③ 交际法，此法以交际为目标，以语法为支撑，教师设计真实的交

流场景，让学生在实践中运用语法知识，进而提高其口语和写作能力。

④ 演绎法，教师先行介绍语法规则，随后指导学生在练习中应用。此法有助于系统性地传授语法知识，并引导学生逐步掌握语法规则，即通过实例讲解，帮助学生理解语法规则的应用。

⑤ 合作学习法，学生在互助合作中交流语法知识，这种方法有助于学生更全面地掌握语法规则，同时培养团队协作和沟通技能。

运用多样化的教学方法需视具体情况灵活调整，高职公共英语教师在开展英语教学时，需结合院校资源供给以及学生的实际情况，对新的教学法进行选择，除了选择一类教学法外，还可以对教学法进行组合，最终目的是引导学生提升参与公共英语课程的积极性和主动性，进而提高公共英语的教学成效。

二、听力与口语教学

（一）英语听力教学

1. 英语听力教学的内容

听力是一种能力，它与启动听觉系统接收声音信息的过程有关。这种能力的有效运用通常与收听时的专注程度密切相关。在英语考试中，听力是一种测试项目，旨在评估考生理解口语的能力。听力教学涵盖多个方面，例如听力教学理念、教学模式、教学活动、教学组织及教学管理等。

2. 高职公共英语听力教学的实施策略

（1）注重基础

首先，引导学生开展推断与假设。在进行听力练习时，教师可以预先提出与听力材料相关的问题，激发学生的思考，随后展开听力活动。在完成材料播放或展示后，教师应当扮演指导者，激励学生积极参与讨论，营造良好的互动氛围；在此过程中，逐步提升学生的推断能力和猜测词语的能力，从根本上提高学生的听力理解水平。值得注意的是，每次听力练习都需设定明确的目标和要求，确保练习有实质性作用。在选择听力材料时，应根据学生的听力水平逐步加深难度，避免因学生能力受限而产生学习疲惫。

其次，引导学生掌握关键词汇和核心信息。抓住问题的核心能够显著提高效率。这一点同样适用于听力教学。理解一段听力材料并不意味着每个单词都要听懂，而是要学会捕捉其中的关键信息，并把握整体意义，这需要特定的技巧和方法。教师的任务是准确地传授这些技巧和方法，并指导学生熟练应用。例如，关注段落开头或结尾的主题句；明确“who、where、when、what、why、how”等问题。

最后，指导学生有效记录笔记。做听力笔记有助于学生集中注意力，更好地理解和处理信息。对于较长的听力材料，如果没有做笔记，往往难以全面把握信息，容易导致理解偏差，因此，做笔记是提高听力理解能力的有效手段之一。在实际教学中，教师应当将听力笔记作为听力教学的一部分，对学生进行持续、系统的训练。通过笔记训练，学生可以学会识别关键词和重要信息，并将其清晰、有序地记录下来。值得注意的是，做听力笔记旨在提升理解能力，而不是简单地为了记笔记而记笔记，因此学生在做笔记时要目的明确。

（2）互动策略

首先，选取合适的听力材料是实施互动式教学的关键所在。为了增强课堂上的互动性和学生的参与度，高职公共英语教师在挑选听力材料时需要特别注意以下几点。①教师应当深入了解学生的兴趣点及心理特征，在选择材料之前做好充分的调研工作，确保所选材料能够满足学生的兴趣和心理需求，进而激发他们的学习兴趣和主动参与的热情。同时，合适的材料有助于学生对即将听到的内容形成预判。②除了考虑学生的心理需求，教师还应根据课程目标来挑选材料，注重材料的内容质量、知识背景和趣味性等因素，以保证其适用性和有效性，这是提高学生听力理解能力的基石，也是后续的互动环节的基础①。③在选择听力材料时，还需考虑学生的听力水平，确保难度适中，既不过于困难以至于使学生感到沮丧或畏惧，也不可过于简单而缺乏挑战性，削弱学生参与的积极性。因此，准确把握材料的难度，对教师的专业能力提出了较高要求。

其次，为了增强互动式听力教学的多样性，可以充分利用互联网平台

① 周继慧. 高职院校公共英语听力教学策略研究［D］. 咸阳：西北农林科技大学，2017.

资源。随着互联网技术的进步，听力教学的方法得到了极大的拓展。传统的单一教学模式已无法满足学生的需求。使用互联网平台已成为听力教学多元化的重要手段，同时互联网平台是互动式教学的关键途径之一。因此，高职公共英语教师应当积极运用互联网资源，以实现听力教学方法的多样化。借助互联网资源模拟听力环境，学生能够更深入地理解材料内容，并积极参与到课堂教学活动中，进而有效练习听读技能。然而，这也给教师的课堂管理带来了挑战。教师需要精心规划教学过程中的各个环节，并根据学生的个别差异，选取合适的方法进行讲解或练习。这样，听力基础较弱的学生也能通过这种方式取得一定的进步，从而使全体学生的听力水平在轻松愉快的学习氛围中得到提升。这也是运用互联网资源进行听力教学的核心价值。但需要注意的是，听力教学的多元化不等于教师单方面播放多媒体课件或影片，让学生轻松愉快地观看，因为这样学生并未获得实质性的收获。利用互联网资源进行听力教学的目的在于通过逼真的视听效果，生动展现听力情境，激发学生的学习热情和互动积极性，帮助他们提高理解能力，进而显著改善教学效果①。因此，教师必须掌握好课堂节奏，将听力训练与互联网资源紧密结合。

最后，互相尊重、情感融合是互动式听力教学的重要保障。大多数高职学生的听力基础相对薄弱，容易在听力方面遇到困难。久而久之，学生自信心下降，缺乏主动参与课堂交流的积极性。因此，教师需针对学生存在的心理障碍，采取相应的心理疏导措施。具体来说，可以参考以下策略。① 学生对教师的信任与尊敬是提升学生听力课程兴趣的基础。英语教师表情严肃或对学生回答表现不佳表露出不满情绪，可能影响学生学习积极性。因此，教师应保持积极的态度，激发学生亲近的愿望，进而让学生敢于表达自己的真实情感。此外，教师温和的形象能够满足学生的心理期待，从而激发学生参与学习的兴趣和热情。② 教师可以在课堂上采用讲故事、角色扮演、观看视频等多种教学方法来活跃课堂氛围，减轻学生的心理压力，增强学生的参与信心，使其真正成为课堂的中心。③ 教师应当全面掌握学生的听力水平。在设计课堂问题和练习时，应考虑学生的个体差异，确保课堂活动适合所有学生，防止因难度过大而导致某些学生

---

① 周继慧. 高职院校公共英语听力教学策略研究［D］. 咸阳：西北农林科技大学，2017.

丧失学习动力。

（3）听说结合策略

学生若无法理解所听到的内容，便难以清晰表达，这表明听和说是相互影响的。因此，教师应注重使学生的听说技能均衡发展，在提升听力理解能力的同时，需强化其口语表达的练习。在准备听力资料时，应根据教学目标，合理设定语音、语速及难度等级，以避免学生因资料过于复杂而“听不懂、说不出”。

首先，加强听力句型训练。在进行听力练习时，很多高职学生会受到母语的较大影响，这主要是因为缺乏有效的英语思维方式。教师需针对这一难点，设计专门的训练活动，例如解析材料中的特定语境或是运用视频资料，帮助学生获得更为直观的理解；对于关键句型及知识点，教师需根据学生的实际水平适时补充，以免基础知识的缺失阻碍听力技能的提升。此外，在听力教学过程中，教师还应生动地介绍与材料相关的文化背景知识，以增强学生的感知力，逐步培养学生的英语思维方式。对于听力材料中频繁使用的句型及表达方式，教师需着重指导，让学生反复操练，以此为基础，促使学生转变英语思维方式。同时，教师可借助角色扮演对话或课后练习等活动让学生巩固这一新的思维方式，最终形成稳定的英语思维习惯，从而全面提高英语听说能力。

其次，加强诵读训练。高职学生普遍遇到的一个问题是无法迅速对听力材料中的大量词汇作出反应。这一现象的根本原因在于学生对单词发音记忆不准确或自身发音存在问题，导致缺乏足够的语感来辨认材料中的词汇。因此，高职公共英语教师应当及时纠正学生的发音错误，并尽可能挑选语速适中、发音标准且背景杂音较小的听力材料，以满足学生的听力需求。同时，应注重借助朗读培养学生的语感。教师可以通过指导学生朗读听力材料，及时发现并纠正他们发音上的普遍问题。此外，朗读有助于培养学生的记忆力，让他们能够回顾并记住先前学过的单词，并在此过程中逐渐形成英语思维习惯。对于一些常用的、重要的语法结构和句子，教师应要求学生提前预习并背诵，以增强学生对句子中的关键词语的理解和掌握能力，同时培养他们的语感和英语思维模式。

（二）英语口语教学

1. 英语口语教学的意义及特点

（1）英语口语教学的意义

语言作为一种人类交流的有声工具，具备自身的发音方式、书写形态及含义。通过发音或书写，人们得以传达意义并进行思想交流。这一过程涉及通过收听和阅读来接收信息，以及通过口语表达和书写来传播信息。听力、口语、阅读与写作在语言交流活动中彼此支持，构成了英语学习的四大核心技能，缺少其中任何一项，都会对正常的交流造成影响。

起源于中世纪的语法翻译法，作为英语教学中历史最为悠久的方法之一，因其忽视口语训练、过于强调语法分析和翻译理解，导致学生在实际语言应用能力上存在不足①，未能满足时代发展需求，因此备受批评。在我国，长期以来，英语教学主要采用的是以语法翻译法为核心的传统教学模式，这种教学方式往往侧重于将英语视为一门纯粹的知识课程进行传授，将课文细分为独立的语言元素，对语法、短语和词汇等逐一进行详细解析。自20世纪80年代以来，伴随着现代语言学、心理学、教育学等多学科理论的深入研究与应用，西方各种创新教学方法纷纷涌现。审视这些主要的教学流派，如“直接法”“听说法”“交际法”等，能够发现它们的核心理念趋向一致，即强调培养学生的交流能力和语用能力，高度重视口语训练在英语教学过程中的关键作用。

在英语口语教学中，“说”的能力培养既是目标也是提升语言技能的有效途径。口语练习与听力是相辅相成的，通过口语表达，能够更好地把握语音、节奏、语速和语调等要素，进而显著提高辨音能力和听力技巧。此外，口语实践还能间接促进写作能力的提升。在日常口语交流中使用的词汇和短语会在写作时自然而然地浮现在脑海中，经过适当的加工就能形成文章。同时，随着口语表达内容的不断复杂化，诸如学术讨论、商务谈判、公开演讲或求职面试等场合的口语表达越来越多地使用类似书面语的

① 魏勤. 任务型教学法在中专护理专业英语口语教学中的运用［D］. 上海：华东师范大学，2003.

表达方式。有观点认为，具备高度规范化、精准性并接近书面语特征的口语应当成为教学中的重要内容。因此，口语教学与书面教学的结合显得尤为重要。

在全球化背景下，随着我国对外交流的日益增多及国际贸易活动的频繁开展，社会对学生的英语口语交际能力提出了更高的要求，口语训练在英语教学中的重要性愈发凸显。高职院校的英语教学应当顺应这一趋势，加大口语训练力度。

（2）英语口语教学的特点

语言的原初形态是口语，其借助声音载体，通过音调、节奏、韵律、间歇与重音的差异，实现思想传递与信息交流，达成沟通目的。口语属于语体范畴，与书面语相对应。英语口语教育就是培养“说”的能力，其教学目标不仅在于取得学习成果，而且在于促进语言综合能力提升。伴随社会进步与人类发展，口语教学在第二语言教育中的地位日益凸显。强化口语训练，优化听与说技能培养，已成为当前英语教育的重要导向。

现今，多数高职院校的英语口语教学，依然沿袭着以语言结构为中心的教学模式，侧重词汇、发音、语法的学习，鉴于口语表达的特性[①]，也颇为关注音调的运用。因此，为了确保口语教学的规范性，很多口语教师倾向于将听力课程与口语课程整合，引导学生模仿听力材料中的发音及音调，以提升口语表达的准确性和流畅度。

2. 高职公共英语口语教学的常见问题

（1）以教师为主体的教学模式

目前，在传统的高职公共英语口语教学中，课堂仍旧围绕教师展开，教师掌控着教学过程的所有环节。通常情况下，教师会投入大量时间讲解单词和语法，让学生机械性地朗读课文或对话，有时还要求学生反复跟读，进行段落大意的复述或概括。这些方法难以激发学生的主动性和创造力，导致了一些问题：尽管学生能熟练掌握课文的大意和语法词汇知识，但他们往往不清楚为何文本如此构建，也难以将在课堂上学到的内容应用到实际的英语交流中。

即便当前已有多种音像资料支持，课堂仍是学生学习语言的主要场

① 李白璐. 交际教学法在高职英语口语教学中的应用研究［D］. 南昌：江西农业大学，2016.

所，他们难以接触到真实的语言环境，对英语国家的社会背景、历史文化、人物故事及社会交往等缺乏深入了解。因此，传统的英语口语教学模式中出现了一种尴尬的现象——口语课程不知不觉间演变成了精读课程。虽然教师成功地传授了语言知识，却未能有效提升学生的口语交际能力。在这个过程中，学生更像是被动接受指令的演员，按照老师的指导表演着连自己都无法理解的剧本，严重缺乏主动参与的积极性。

（2）大班教学的弊端

在高职教育中，英语作为一门普及课程，通常会贯穿学生至少两年的学习生涯。随着招生规模的不断扩大，大多数高职院校转向了合并班级的大班教学模式，由此导致的班级学生人数激增对教师和学生构成了严峻的考验。为了确保每名学生都能获得口语练习的机会，教师不得不在有限的课堂时间内安排学生进行快速且形式化的口语练习，这种方式往往流于表面，难以产生实质性的教学效果。还有一种情况则是，教师仅能为部分学生提供口语练习的机会，这使得口语课堂变成了少数活跃学生的展示平台，而大多数学生则被动地成为了旁观者。

综上所述，大班教学难以实现教学资源的均衡分配，无法保证每名学生都能在有限的教学时间内充分参与口语练习，这对学生学习英语口语的兴趣造成了负面影响，进而降低了英语课堂的整体教学质量，原本应充满活力的课堂氛围变得沉闷乏味。尽管教师可能尝试引入一些创新的教学活动以激发学生的参与热情，但由于学生个体之间存在显著差异，这些措施往往难以全面覆盖所有学生的需求，自然无法有效地提升全体学生的口语交际能力。

（3）口语教学中的纠错问题

所有语言的学习过程中，发生错误是不可避免的，尤其在口语表达时更为常见，因为即便使用母语进行表达，也难免出错，更不用说学习第二语言了。然而，在传统的口语教学模式下，一些教师依然秉持着“发现错误即刻纠正”的理念，期望通过这种方式让学生深刻记住目标语言的正确使用方式，认为越是痛苦的经历就越令其难以忘怀。然而，这种做法往往适得其反，教师的悉心指正反而加剧了学生的紧张和焦虑情绪，导致学生的自信心逐渐被削弱，最终导致学生只会纸上谈兵而无法开口说英语。相反，有些教师为了避免伤害学生的自尊心，采取了一种“只要学生愿意开口说就是好事”的态度，对学生的错误持过度宽容的态度，这又催生了所谓“中式英语”或者带有鲜明个人色彩的“× 式英语”。

在口语教学中，错误的纠正是一个不可或缺的环节。教师既不能对学生出现的错误视而不见，也不宜采取过于严苛的纠错方式，最重要的是掌握好其中的平衡点，何时进行纠错及采用何种方式进行纠错，都需要教师根据具体情况进行灵活处理。遗憾的是，大多数教师在这方面难以做到恰到好处，即便偶尔能做到，也很难在实际教学中始终如一地贯彻执行。

（4）跨文化交际的缺乏

跨文化交际技能的培育在英语口语教育领域至关重要。尽管部分教育者已意识到跨文化交际在口语教育中的价值，然而，我国与英语国家在社会文化、风俗习惯与地方风情上存在巨大差异，传统的教学方法难以实现目标语言国家文化背景知识的专业化与系统化传授。往往学生未能深刻理解中西文化的差异，从而导致交际错误。这类错误既包括语法性错误，也涵盖用语错误，前者可能阻碍有效沟通，后者则直接引发交际中断，乃至引起不必要的误解。

传统高职英语教学普遍存在“三轻三重”问题：重阅读轻口语、重写作轻交际、重应试轻实际应用。这一问题显著削弱了对口语交际能力的培养，更不用说跨文化交际能力了。虽有外教参与的英语角有助于促进跨文化交际能力的发展，但其成效有限，本书不做讨论。

3. 高职公共英语口语教学的实施策略

革新视角，超越常规。高职院校公共英语教学的目标不应仅限于学生成绩的提升。高职公共英语教师需摒弃以往应试教育的固有思维，紧跟时代步伐，调整教育理念以适应环境变迁，满足当前社会需求。在全球多极化、经济一体化、信息网络化、文化多样性的背景下，教师应强化口语教学，构建有利于口语实践的环境与内容，激发学生对口语的兴趣，使他们认识到掌握英语不仅关乎通过大学英语水平测试更关乎自己未来的发展。学生应基于个人特点和实际需求设定适合自己的学习目标，教师在此过程中扮演关键角色，通过密切观察、沟通交流，为每名学生制订个性化的学习计划，实现精准指导。同时，教师应树立对学生充分的信心，保持高标准的要求，引导学生确立正确的英语学习定位，确保英语教学全面涵盖听、说、读、写四个方面。

心理引导，促进成长。高职公共英语教师应当协助学生克服心理上的脆弱，并调整他们对于学习障碍的看法。一旦形成了初步的认识转变，教师便能引导学生逐渐从追求“表现目标”转向设定“学习目标”。然而，从认知过渡到实际行动绝非易事，培养勇于迎接挑战的心态尤其困难，这就要求教师不仅要在日常教学中传达这一理念，而且要通过策划一系列教学活动及课外练习来加强学生的积极心理循环。

激发动力与监督并行。一旦学生确立了学习目标，内在的动力便随之产生。然而，动力的发挥需要内外因结合，因此教师应当构建适当的“激励与约束机制”。在此过程中，教师给予的奖励应避免过分物质化，而应侧重于对学生学习过程与成果的认可。在实施激励的同时，教学监督也是教师工作中不可或缺的一部分。有效的教学监督手段通常包括直接监督与间接监督两大类。直接监督是指在教师的直接指导下，学生完成特定的学习任务；而间接监督则体现在教师设定的监督框架内，例如确保学生按时、保质完成课后的学习任务等。此外，许多教师利用多媒体技术及丰富的网络资源，创新性地开发了多元化的间接监督机制，这正体现了未来教育发展的趋势。

构建双语教学环境。为了营造有助于学生学习的理想环境，教师需要思考如何构建一个能够促进学生持续进步的良性循环。因此，在构建教学环境时，教师应当遵循“三元互动”原则。这一原则强调“自我”、“环境”与“行为标准”之间的相互作用。这里的“环境”不仅涵盖物质空间，还包括人际互动的影响，教师的角色尤为重要。例如，教师的激励能够显著改变课堂氛围，进而直接影响学生的行为。

三、阅读与写作教学

（一）英语阅读教学

1. 英语阅读教学的作用

知识被视为人类前行的基石，而阅读则是学生探索世界与累积知识的关键方法与通道，它为学生开启了一扇认知世界的窗户，并提供了获取信息与开阔思路的重要手段。对于任何语言的学习，广泛的阅读活动都是不可或缺的，这一点在英语学习中同样适用。大量的英语阅读，不仅能增强理解力，还能全面提升听、说、写的技能，更是塑造“英语直觉”的一种有效途径，而培养这种直觉又是掌握语言的最优策略之一。

2. 高职公共英语阅读教学的常见问题

问题一，未充分激发学生的阅读兴趣。许多教师在教授英语阅读时，往往过度侧重于学生对教材内容的掌握，并将课堂的主要时间用于讲解书本知识。此外，受制于有限的教学时间，教师通常会设定固定的阅读时限。然而，由于学生的英语水平参差不齐，他们的实际阅读进度各不相同，难以同步完成阅读。有时，部分学生尚未完全理解文章内容，更无暇进行深度思考，教师就已经开始检验阅读成果并提问了。此时，学生感受到的往往是压力与紧迫，甚至是无法应对的挫败感，而难以体会到阅读的乐趣。长此以往，无疑会削弱学生的阅读积极性和主动性，进而阻碍其英语阅读兴趣的发展①。

问题二，师生对英语阅读的重视不足。许多高职学生的学习目标相当明确，即通过英语四、六级考试。因此，教师与学生均侧重考试题型的训练，而忽视了英语阅读能力的培养。即便在阅读课程中，教学重点也往往放在词汇、句子构造及语法规则的解析上，而非从整体角度对文本进行深入剖析。此外，由于部分学生并未养成课外自主阅读的良好习惯，在非授课时间内，他们很少会主动投入时间和精力进行英语阅读活动。而教师布置的课后作业通常以词汇和句法练习为主，即便有时会布置阅读任务，后续的检查与反馈机制也不够严格，导致一些学生对待阅读作业态度敷衍，未能真正投入。加之学校设定的阅读课程时长有限，学生在课堂上得到的阅读训练也是有限的。在上述种种因素共同作用下，容易使师生双方低估英语阅读的重要价值。

问题三，教材的内容选取存在局限。当前的英语阅读教材全面覆盖了词汇学习、阅读理解、速读技巧及问答练习等多个维度，选题广泛多样，囊括了社会生活、自然科学、经济政治及国际局势等众多领域，但同时暴

---

① 邹德娟. 高职英语阅读教学中存在的问题及对策分析［J］. 辽宁师专学报（社会科学版），2023（6）：35-37.

露出一些局限。在大多数教材中，每个章节通常仅包含两篇文章，且篇幅普遍较短，在有限的教学时间内，学生的阅读量远未达标，难以实现从量变到质变。此外，课外练习往往侧重于技巧训练，导致学生对于文章内容的理解流于表面，缺乏深入探究，这不仅限制了他们的批判性思维的发展，也不利于其综合素质的全面提升[①]。

3. 高职公共英语阅读教学的实施策略

（1）转变传统的教学观念

高职公共英语教师应当从传统的知识传播者转向学习的引领者，使学生成为英语阅读课堂的核心，以此提升学生的主动性和创新能力。此外，教师还需要改革以往在英语阅读教学中过分关注词汇和句法的习惯，引导学生投入更多精力去理解更高层面的语言结构，并学会从宏观角度领会阅读材料的实质含义。当前，高职英语阅读教材涉及的主题广泛，包括日常生活中的各种场景，同时，还特别考虑了高职学生毕业步入职场后可能遇到的职业英语需求，这充分体现了教材的时代特点及社会发展的实际需求。这种跨领域的知识融合要求教师必须更新教学理念，不再局限于简单的词汇和语法知识教授，而要不断吸收来自不同学科的基本概念，积累广泛的科学知识和人文素养。唯有如此，教师才能在阅读教学中引领学生明确学习目标，并深入细致地解析文本内容。

（2）改变传统英语阅读教学模式

为了全面提升高职学生英语阅读水平，需对传统课堂教学方式进行革新。应确立以学生为主体的教学理念，教师应由知识的灌输者转型为引导和支持学生自主探索的学习伙伴，在阅读环节，鼓励学生积极参与、主动思考。同时，教师需发挥启迪与指导的作用，全面把握教学进程，适时给予学生点拨，并引导学生在课堂上提出问题，还要创设语言环境，开展集体讨论，以此培养学生的批判性思维和自我学习能力。组织讨论是对课前准备和文本理解的有效检验方式。在表达个人观点的同时，学生还需倾听他人的见解，彼此交流启发，这样既能提升语言表达能力，又能开阔思

① 吴静. 高职学生英语写作能力存在的问题与对策研究［J］. 产业与科技论坛，2022，21（10）：196-197.

路[①]。例如，在进行单元学习时，教师可引导学生深入探究相关主题，这需要学生在课前收集并阅读更多相关材料以支持自身论点。整理和总结这些资料，不仅能拓宽学生的视野，还可以锻炼他们的综合分析能力，同时使他们对所学文章有更深入的理解。

（3）培养学生的阅读兴趣

在阅读教学过程中，高职公共英语教师可以将课本中的主题与现实生活相联系，以此激发学生的兴趣，使其集中注意力。例如，在教授《新航标职业英语》的第一单元时，教师可以介绍全球各地多种打招呼方式，并组织学生进行小组角色扮演活动，这既扩展了学生的视野，又增添了课程的新颖性。再如，在教授第六单元时，可以鼓励学生事先收集日常生活中的节能减排措施资料，并在课堂上分享交流。这种方式不仅能够激发学生对课文内容的好奇心，还能培养学生的批判性思维能力。此外，这种方法还能够将听、说、读、写技能融合起来，全面提升高职学生运用英语的能力。唯有使英语阅读成为学生自发寻求的乐趣，才能有效提升高职学生的英语综合素质。

（4）重视英语阅读教学

恩格斯强调阅读的重要性，并通过广泛涉猎外国文学来增进语言技能。持续且大量的阅读能够显著提升英语水平。因此，高职公共英语教师和学生应当重新审视英语阅读教学的价值。尽管英语阅读在等级考试中所占分数不多，但与其他部分紧密相连。例如，英语词汇丰富多样，仅凭记忆难以掌握。但通过广泛阅读，学生不仅能够深化对已知词汇的理解，还能接触到新词汇，进而促进词汇量的增长，从而有效提升听力和写作技巧。因此，在阅读课上，教师应摆脱对语言细节和语法规则的过分关注，转而注重培养学生的篇章理解能力和分析、总结能力。此外，教师应指导学生如何在阅读过程中高效提取信息，并训练他们依据文本上下文进行逻辑推断和判断。同时，教师可采取定期或随机检查的方式，加强对课外阅读作业完成情况的监督，并将成绩计入学期总评。这既给学生带来了适度的压力，也可以成为其学习的动力，促使他们将英语阅读视为英语学习的

---

① 吴静. 高职学生英语写作能力存在的问题与对策研究［J］. 产业与科技论坛，2022，21（10）：196-197.

重要组成部分。

（二）英语写作教学

1. 英语写作教学的特点

首先，写作兼具表达与检验的作用，这对学生的知识获取及积累设定了高标准。为了撰写出有说服力的文章并展开有效的论证，学生必须通过多种途径，如阅读，收集丰富的资料与背景信息。

其次，在课后对学生作文进行评阅的过程中，教师发挥着至关重要的作用。写作是一项复杂且逐步发展的活动，它要求学生深入思考、构建逻辑结构，并通过不断练习与分析来提高水平。因此，教师需仔细审阅学生的作文，并给出积极的反馈和指导建议。这种评估方式不仅能帮助学生改正错误，还能激发他们的写作兴趣，进而增强写作技巧和表达能力。

最后，提高写作水平绝非短期内就能达成的目标，仅仅依靠临时抱佛脚式的范文背诵是远远不够的。写作是一门艺术，需要通过持续不断地练习与实践来磨炼。学生应当培养良好的写作习惯，定期进行写作练习，并对自身的写作经历进行反思与总结。同时，积极扩大词汇量、研究高质量的范文，以及加强对语法规则和句式运用的关注，都是有效提升语言表达能力的方法。

2. 高职学生英语写作存在的问题

其一，写作时缺乏实际内容。许多高职学生的英语写作常常表现出思路不清、篇章结构杂乱无章及内容空泛等问题。不少学生对于写作任务感到一筹莫展，甚至出现无从下笔的情况，导致文章内容贫乏、重复，且缺乏新意。

其二，母语的消极影响。尽管高职学生通常掌握了英语的基本语法规则，但他们的母语会对英语学习产生负面影响，导致思维方式出现差异。这使得他们在写作时往往会不自觉地套用汉语的表达方式，形成一种“中式英语”风格，该问题在句子构造、段落组织，乃至整体篇章结构上均十分突出。

其三，写作技巧的缺失。许多学生并未接受过系统的写作训练，因此在写作技巧方面存在明显短板。一方面，往往缺乏对整体文章框架的预先规划，导致文章内容零散、缺乏条理性；另一方面，过于关注单个句子的结构，而忽视了句子之间的衔接，使文章显得支离破碎，连贯性欠佳。

其四，语言基础较弱。高职学生的英语写作往往受到词汇量有限、语法知识不规范，以及欠缺篇章衔接技巧等因素的制约，导致拼写错误、结构混乱、逻辑不清、词汇误用及篇章条理性差等一系列问题。

3. 高职公共英语写作教学的实施策略

（1）注重语篇分析教学法的运用

高职公共英语教师应采用篇章解析教学策略，着重于引导学生理解全文，深入探讨作者的创作思路、布局、段落构建、主题阐述、句子间的连接与过渡方法等。此举旨在帮助学生初步掌握英语写作的基础理论与实践技能。同时，教师还需培养学生的跨语言感知能力，减轻母语思维对其英语写作的干扰。鼓励学生对常见的英汉语言差异进行分类、归纳与总结，有助于避免重复性错误的发生。

英语基础扎实的学生在语法层面通常较少出现错误，但可能面临情境不符、结构松散、主旨不明等问题。对此，教师应指导这些学生熟悉各类文体的特点与规范格式，以助其撰写出结构严谨、主题明确的文章。

（2）向学生推荐优秀读物及引导学生有效阅读

写作往往建立在阅读的基础上，丰富的、大量的写作素材常常源自日常的阅读积累。阅读有助于增强学生掌握英语基础知识的能力。首先，高职公共英语教师应充分利用在线教育平台发布一些易于理解的英文缩写版书籍、文学经典等内容，指导学生进行阅读与背诵，并鼓励他们复述自己感兴趣的部分。这样可以让学生逐步熟悉英语的基本结构，并了解相关的文化背景，从而培养他们的英语直觉。其次，可以通过搭建在线交流平台来设立讨论区，挑选一些有趣、新颖或与时事相关的话题来吸引学生的兴趣，引导他们以撰写文章或段落的形式参与讨论，在积极的互动环境中不断提升学生的英语写作技巧。

（3）凸显英语写作教学的地位及创新写作训练模式

英语写作在增强学生的英语运用技能方面具有至关重要的作用，同时也是英语教育目标达成的关键途径之一。高职公共英语教师应深刻理解英语写作教学的价值，并在课程规划中显著增加写作教学的学时。英语写作的教学方法对激发学生写作兴趣至关重要，教师需积极探索与实践多元化的教学策略，包括过程导向法、成果导向法及体裁分类法，以提升课堂互动性和学习效率。在设计应用文写作作业时，教师可以巧妙地指导学生将专业知识融入写作实践，例如通过设定与未来职业相关的模拟情境，鼓励学生使用英语进行专业领域的沟通。此举不仅能够加深学生对英语在实际工作环境中的应用理解，还能激发他们探索英语写作与日常生活、职业生涯间的紧密联系，从而扩大学生的英语写作视野和创意。

（4）运用现代化写作教育方式

在当前信息技术时代，高职公共英语教师应当充分利用现代科技手段来开展教学活动，尤其应注重提升英语写作练习的形式多样性。为此，教师可以采用合适的在线辅助工具来布置英语写作任务，要求学生在线上完成并提交作文。这种方式能够有效防止学生在考试中因输入错误而导致失分。此外，系统将根据教师提供的例文对学生的作品进行自动批改，并依据预设的评分标准给出分数。这种即时反馈机制使学生能够快速识别自身的不足之处，从而及时进行修正和完善。综上所述，运用网络辅助进行教学不仅能够显著提升学生的写作体验，还能够减轻教师批改作业的工作负担。与此同时，教师可以通过查阅系统发送的电子邮件，了解每名学生完成写作任务的具体情况①。

（5）组织英语写作比赛活动

为了有效提升学生的英语写作兴趣，高职公共英语教师应当积极倡导并支持在校内举办英语写作竞赛，并通过多种方式进行广泛宣传，吸引更多的学生参与，以构建一个积极向上的英语写作环境。例如，可以每年固定时间举行英语写作比赛，并设立非专业组与专业组两个类别，为学生提供一个交流和学习的平台②。对于在校园比赛中表现突出的学生，可以推荐他们代表学校参加当地或全国范围的英语写作竞赛。此外，学校还应该鼓励那些在比赛中取得优异成绩的学生在校内进行英语写作经验分享，分享他们的写作心得和技巧，为其他同学树立榜样，以此激发更多学生对英

① 丁艳. 教师反馈与同伴反馈对大学英语写作的影响探究［J］. 南昌教育学院学报，2012，27（11）：175-176.

② 刘世力. 高职英语写作教学的问题及对策［J］. 岳阳职业技术学院学报，2016，31（3）：76-78.

语写作的热情，从而显著提升其英语写作能力。

（6）关注英语写作的批改工作

英语作文的评阅是写作教学的最终阶段，同样也是至关重要的一步。因此，高职公共英语教师应当深刻理解，并充分重视英语写作评阅工作。首先，教师可指导学生从词汇拼写、词组使用、语法规范及标点正确性等多个维度入手，进行自我评估；随后，组织学生相互审阅与评价，使学生体验“教师”角色，以激发他们的主动参与意识。这种互相评价不仅能帮助学生避免在写作中重复犯错，还能有效提升他们的鉴赏水平。有学者指出，教师在纠正学生错误方面承担着主要职责，因此，在学生完成自我及相互评价之后，教师还需进一步审阅。考虑到班级规模，教师难以对每个学生的作文进行全面反馈，但至少应对那些表达能力较弱的学生作文进行重点检查，以便及时发现问题并采取相应措施。在评阅过程中，教师应特别关注文章的内容质量与结构布局等深层次问题，对于学生难以自行纠正的错误及时提供修正意见及恰当的点评，同时确保评语简洁明了、易于理解，且能够吸引学生的注意力。

四、翻译教学与跨文化传播

（一）英语翻译教学

1. 高职英语翻译教学的作用

（1）促进学生自主学习能力发展

翻译教学是高职英语教学系统中的主体，因此，强化高职公共英语翻译教学体系的构建至关重要。步入信息时代，信息技术在英语课堂中的应用效果显著。借助“互联网+”的教学理念，为学生创建在线学习平台，能够实现引导式的教学模式。学生可以利用自己的零碎时间进行知识的学习与探索，这不仅革新了传统的教学方式，还实现了对教材内容的拓展和反转教学。此外，线上学习平台的建立，从源头上缓解了学生缺乏自主学习意识及自学时间不足等问题[①]。

① 李凌宇. 高职英语翻译教学模式优化策略分析尝试［J］. 英语广场，2023（24）：90-93.

（2）有利于丰富教学形式

在传统的翻译教学框架内，教学方法较为固定，教师与学生之间的角色界定不够清晰，以教师为中心的教学方式往往占据主导地位，这不利于激发学生的学习热情，同时也限制了学生的主动性和积极性。解决这一问题，可引入“产出导向法”的教育理念，即制定全面的语言教学目标，将学生的输出成果作为核心驱动因素，同时结合“学以致用”的思想，鼓励学生持续运用新知识挑战未知领域，从而提升教学的实际效果。这种策略有助于克服传统教学中理论与实践脱节的弊端，推动教学模式向更加高效、实用的方向发展。

（3）有助于创新教学系统

随着时代的进步和社会的发展，优化和革新高职公共英语翻译教学体系已成为必然趋势。当前，高职公共英语翻译教学领域面临着一些核心挑战，主要体现在教师的传统教育观念和思维模式未能与时俱进，学生在课堂活动中的主体地位尚未得到充分彰显上。这些因素共同构成了制约翻译教学发展的障碍。为克服这些瓶颈，引入混合式教学模式显得尤为关键。这种教学方式融合了线上学习资源与线下互动活动的优势，能够有效解决上述问题。它不仅能够促进教学理念的更新，还能够激发学生的学习主动性和参与度，从而推动翻译教学体系的创新，使其深入课堂实践。通过混合式教学模式的应用，能够在一定程度上消除语言界限，为打破传统课堂教学的局限性提供新的路径和方法。

（4）有利于提升学生的理解能力

英语翻译的难点在于文章内部结构较为复杂，同时涵盖了丰富的英语文化内容。若学生在翻译时未能基于英语的文化背景进行文章内容的理解和转换，则可能导致语言显得僵硬，不够自然流畅。拓宽文化视角，有助于培养学生的文化意识，引导他们以西方文化的视角来解读和翻译英语句子。这样一来，语言的美感就能得到充分展现，学生也将更深切地感受到英语的独特魅力，并更加准确地领会和把握文章的内涵。

2. 高职英语翻译教学现状

一是学生自我驱动的学习意愿不高。高职学生学习基础普遍较弱，在进行英语教育时，教师往往面临较大的挑战。特别是英语翻译教学要求学生具备较高的词汇积累和语法运用能力，然而，多数学生的英语底子较为薄弱，这导致他们在学习过程中容易出现自我驱动学习意愿不足、课堂注意力分散等问题，学生的学习独立性难以有效提升。

二是缺乏定制化的教学框架。高职学生来源多样，他们的学习能力、情感态度和学习方式存在较大差异，呈现出较强的个性化特征。传统的教学方法难以适应他们的个性化需求，可能导致学习成效的两极分化，从长远来看，这不利于英语翻译教学的发展，并可能影响教学活动的顺利推进。

三是中西文化差异对教学的制约。中西方文化的差异性巨大，其中语言差异尤为突出。如在西方文化中，一些谚语背后蕴含着深刻的内涵，学生如果直接进行翻译，往往无法揭示其深层次的意义，这在一定程度上阻碍了英语翻译教学目标的快速达成。

四是实践教学资源相对不足。高职教育旨在培养学生的实际操作技能，强调理论知识的实际应用训练，以使学生能在未来的工作中熟练使用英语与他人交流。然而，部分学校未能充分认识到这一重要性，过于侧重英语知识的讲授和讲解，忽略了实践教学的价值，导致学生的实践技能难以实现显著提高。

3. 高职公共英语翻译教学的实施策略

（1）聚焦跨文化视角，优化英语翻译教学框架

随着历史变迁，各国独特的文化特性展现出多样的风貌。在全球一体化进程中，经济与文化交流不断加深，各国的互动愈发紧密，翻译成为了国际沟通的重要桥梁。为了提升学生的外语表达能力，教师需注重培养学生具备跨文化的视角，这不仅能够促进教学效果，而且能帮助学生深入理解和掌握英语与汉语意义转换的特点和方法，对提高学生的翻译技能大有裨益。从语境的角度看，同样的词汇在不同的上下文中可能蕴含截然不同的意义。如果学生在翻译时不考虑这些文化差异，直接依据本国的文化背景进行理解，就很容易产生误解。因此，在进行翻译教学时，教师应当适时地引入中西方文化的相关知识，并强调两者的差异。

在实施具体的教学策略时，高职公共英语教师可以着重培养学生的同理心，鼓励他们跳出本土思维和行为模式的限制，积极地体验和理解异国文化，从而更加准确地翻译。比如，基于中国传统文化，当人们收到赞扬时，往往会表现出谦逊和内敛，常用“Just so so”等表达来回应；而在西

方文化背景下，人们通常会欣然接受赞美。通过采用同理心翻译的方法，学生可以更好地把握原文的真实含义①。

（2）运用产出导向理论，改变知识结构

从正面的角度来看，产出导向法聚焦成果目标的设立，并以优化教学成果为导向。这一理念与传统的教学观念有所区别，后者倾向于“先学后用”的模式；相比之下，产出导向法更加重视培养学生的实际应用能力，使他们在获取语言技能的过程中逐步提高语言使用水平，确保输入与输出之间的平衡。在设计产出导向的教学策略时，可以考虑以下三个关键点。首先，在课程导入阶段（亦称启动阶段），高职公共英语教师需构建教学情境、规划课堂内容并设定教学目标，激发学生的学习动力。例如，教师可以创设贴近生活的教学场景，引导学生在情境中发挥想象力，利用已有的知识技能尽可能地完成指定的翻译任务，进而实现教学目标。在此过程中，学生不仅能学到知识技能，还能拓宽视野，有助于将所学语言应用于实际。其次，在实施阶段，教师需明确告知学生预期的产出目标，鼓励他们根据目标组成学习小组，通过协作学习收集相关资料，以节省查找时间。最后，还能即时评估，不仅可以检验学生的学习成效，提高学生的翻译质量，为后续教学提供参考依据，还有助于培养他们的自我反思能力。

（3）开展实践教学，强化学生的知识运用能力

英语翻译本身具备极高的技术特性，为了彰显其价值，在实施教学方案时，高职公共英语教师应当强调实践教学的关键作用，使学生不仅能够巩固理论基础，而且能通过实践加以应用，从而更好地解决学习难题，促进理解与掌握核心知识点。例如，教师可以组织多样化的语言输出活动，鼓励学生用英语进行PPT展示，并邀请其他同学进行点评，以转变学生在课堂上的角色。又如，在设计作业时，教师可以摒弃传统的书面翻译练习，改为要求学生完成口语翻译任务，并上传至在线学习平台，让更多的人参与评价与讨论，以此扩大实践范围。此外，根据高职院校的专业特点，对于旅游专业的学生，教师可以组织英文景点解说活动，让学生使用英语介绍各个景点。在这个准备过程中，学生会深入研究文本，并通过多种途径收集翻译资料，这不仅能有效提升他们的翻译技巧，还能显著增强

① 李凌宇. 高职英语翻译教学模式优化策略分析尝试［J］. 英语广场，2023（24）：90-93.

其实践能力，从而确保实践教学的有效性。

（4）构建合作教学体系，完善学生综合素质

合作教学是提升英语翻译教学质量的关键策略，也是获取显著教学成果的有效途径。因此，高职公共英语教师应当从合作教学的角度出发，根据合作教学的基本属性与特点，激励学生在团队中进行学习。通过持续的合作，学生可以优化自身的学习方法，并培养出团队协作的精神，这对于培养学生的核心素质至关重要。此外，在设计和改革合作教学体系时，教师可以推行“一对一、一对多”的互助模式，让成绩优秀的学生协助基础较弱的同学，以此建立一种激励机制。这不仅能让不同水平的学生能力同步增长，还有利于推动整个英语翻译教育体系的发展。例如，在学生翻译特定英文文章的过程中，教师可以创设翻译场景，鼓励各个小组参与情景剧的演出活动。对翻译文本中的人物的心理特征进行深入研究和分析，可以有效地增强学生的理解和感知能力。另外，教师还可以组织小组间的竞争活动，以翻译的准确性和速度作为评判标准。在这种情况下，学生可以通过合作探索的方式，共同解决翻译中的难点和重点问题。同时，学生在合作过程中展现出积极性和主动性，不仅有助于活跃课堂氛围，还为课堂注入了生机勃勃的能量。在这种热烈的环境中，学生思维碰撞产生的探索火花，能够实现思想上的互补。

（二）英语跨文化传播

1. 跨文化传播的定义

对于跨文化交际的理解，大致可归纳成三类：其一，跨文化交际源自多元文化的个人交互及互动；其次，跨文化交际是信息从一方语言环境传递至另一方的行为；最后，因为传达者使用的符号体系相异，使得跨文化沟通变成了一种符号交换的过程。该描述着重突出了在多元文化交际中，文化差异所具有的至关重要的作用。总体而言，跨文化传播可被诠释为：拥有不同文化根基的人群进行的沟通与交流，涵盖了来自异质文化背景个体间的资讯传递及人际关系构建，同时包含了全球社会范围内，各类文化元素的流通、融合、影响与迁移的现象。

无论如何定义，跨文化传播的英文表述“intercultural communication”，不仅涵盖了“跨文化交际现象”的概念，同时蕴含了“跨文化交际

学”的含义。在将其转化为汉语表达时，不同学者依据自身的理解和研究视角，赋予了这一概念多样化的翻译，如“跨文化交际”“跨文化传播”“跨文化传通”“跨文化沟通”等。鉴于跨文化交际包含了多个学科的知识，因此，学者们在确定其汉语对应词时，不可避免地会受到自身专业背景的影响。那些倾向于采用“跨文化交际”作为翻译的学者，往往拥有语言学或英语教学的专业基础，这是因为“communication”一词在语言学领域中常被译作“交际”；而偏好使用“传播”“沟通”等词的学者，则通常具备传播学的研究背景。这种多元化的翻译现象，不仅反映了跨文化交际研究的多维度特性，也体现了不同学科视角对同一概念理解的差异性。然而，无论采取何种翻译方式，其核心旨趣始终在于探讨不同文化背景下个体间信息交流的复杂过程，以及如何有效地跨越文化界限，实现意义的准确传达。这种跨文化的互动不仅关乎语言的运用，更涉及非言语行为、社会规范、价值观等深层次的文化因素，从而构成了跨文化交际学研究的重要议题。著者为了符合学科讨论习惯，则主要采用“交际”或“交流”等汉语表述。

2. 跨文化传播与高职英语教学的关系

《高职英语课程教学要求》明确指出，高职英语教学的本质蕴含着跨文化交际的内核，鉴于语言与文化的紧密关联，英语教学自然包含英语文化的传授。因此，高职英语教学不仅是语言技能的培训，更应是一种跨文化的学习体验。其终极目标在于培养学生运用英语进行有效跨文化沟通的能力，以满足个人未来学术、职业及社会互动的需求，以及我国社会进步与国际交流的呼唤，即对跨文化传播能力的需求。跨文化传播研究领域的成果深刻地影响了英语教学领域[①]。跨文化交际学揭示了语言、文化和交际之间的复杂关系后，语言教育专家逐渐意识到在语言教学中融入文化元素的重要性[②]。英语交流本质上即跨文化交际，这一认识使得英语教学展现出巨大的潜力，它不仅能够传授语言知识，更能培养学生的跨文化交际能力和文化敏感度，从而促进学生在全球化背景下的有效沟通与合作。

---

① 吕炯. 跨文化传播视角下的大学英语教学模式探析［D］. 合肥：中国科学技术大学，2013.

② 汪火焰. 基于跨文化交际的高职英语教学模式研究［D］. 武汉：华中科技大学，2012.

3. 高职公共英语跨文化教学模式的构建

针对高等职业教育中的公共英语教学的挑战，社会进步与时局变迁推动了对具备跨文化交际技能人才的需求，高职英语课程也肩负起了培育这类人才的责任。因此，必须创建一种新的高职公共英语教学方式。在此种“必然而然”的思索和研究过程中，著者根据对跨文化传输及其他相关的理论知识和术语的理解，结合对当前高等职业教育公共英语的教育状况和问题的深入剖析，试图从跨文化传输的角度建立一种侧重于提升学生跨文化沟通能力的高职英语教学策略。下面详细解释这种教学模式的教学目标和内容、教学原则、教学方法等。

（1）教学目标及内容

尽管跨文化英语教学的定义尚未确定，但其在美国及欧洲等地的发展却相当迅速。其核心理念包括融合语言与文化的综合教育方式，强调以文化作为交流的基础，并更广泛地关注如何通过文化传输来提升英语水平。在此背景下，借鉴欧美国家的经验，结合中国大学的英语课程设置，确定跨文化英语教学的最终目标是增强学生的语言学习能力、沟通技巧及跨文化交际的能力。

“语言能力指的是语音、词汇、语法等语言知识和听、说、读、写、译的技能。交际能力是包括语言能力在内的正确并且适宜地进行交际活动的能力。”跨文化交际能力实质上就是在非本族语及文化环境中，依据多元语境，灵活调动语言知识与技巧，实现有效沟通的能力。

跨文化英语教学追求的是学生在语言掌握、交流能力和跨文化沟通能力三方面的全面发展，故其教学内容应覆盖语言学习、文化认知及跨文化沟通能力的培养。具体来讲，语言教育关注语言基础与实际运用；文化教育涉及文化知识与交流实践；跨文化沟通能力的培养则围绕跨文化视野的拓展、沟通技巧的提升及实际沟通经验的积累。也就是说，跨文化英语教学通过对目标语言与文化的学习，使学生既能掌握目标语言，又能用该语言与目标语言社群展开流畅对话；同时，在学习过程中，学生会对其母语有更深刻的认识，洞悉语言的普遍性，领悟文化的组成、作用及发展脉络，明晰语言与社会、文化间千丝万缕的联系。在实际交流中，学生会亲身体验目标文化，反观自身文化，然后对比分析两种文化，从而提高对文化差异的敏感度，培养对目标文化的理解和接纳态度。同时，在教师的引导下，学生将学会应对并解决跨文化交际中可能遇到的文化冲突和理解障碍。

教学内容的三大核心要素——语言知识、文化知识与跨文化意识，彼此交织、相互渗透，构建了一个完整的学习体系。语言知识与文化知识构成了基石，它们不仅提供理论框架，而且为学生创造了实践与体验的机会。在这一过程中跨文化意识逐渐萌芽，既促进了知识的吸收，也为学生在跨文化环境中自信交流奠定了心理基础。最终，通过丰富的跨文化交际实践，使学生的跨文化交际能力得以提升。

然而，在文化教学领域，一个亟须关注的挑战是防止中西文化失衡，即所谓“中国文化失语症”。这种问题的根源在于英语教学对西方文化过分重视，而忽视了母语文化，尤其是用英语表达的中国文化。有研究指出，我国多层级英语教学普遍存在一种倾向，即在增加文化元素时，往往忽视了中国文化在英语表达中的重要性，这导致在跨文化交际场景下，作为交流主体的中国人常感到无力用英语表达本国文化，尤其对中国传统文化的理解与表达感到力不从心。在国际文化交流的大舞台上，这种缺失无疑削弱了中国声音的影响力，成为跨文化交流的一大障碍。

针对此问题，有学者提出了“生产性英语学习”的概念。这里要先介绍两个概念：削减性学习，学生因母语文化认同感受挫而放弃母语文化，转而完全认同目标语言文化。附加性学习，学生在掌握目标语言及文化的同时，维护自身母语及其文化认同的安全。与“削减性学习”和“附加性学习”不同，“生产性英语学习”强调目标语言与母语水平的协同提升，以及对两种文化鉴赏力的相互促进。在此模式下，母语与母语文化扮演着积极角色，它们与文化归属的替代无关，而强调两种语言和文化价值体系的动态互动。因此，英语文化教学必须确保“母语文化”的存在，避免文化教学失衡，引导学生走向“生产性英语学习”，以期达到两种语言文化相互促进的理想状态，从而实现真正的跨文化交际。

此外，教学实践中应注意防止语言与文化之间关系的割裂，以防止语言和文化的孤立、机械式教授。语言与文化具有紧密的联系：语言含深厚的文化底蕴，从语音、词汇至句法，无不承载文化意义。语言本质上是对文化的映射，而文化则是语言生存和运用的土壤，二者密不可分。语言学习必然伴随着文化学习，因为文化为语言习得提供了生动真实的语境，两者互为手段和目标。故此，应在语言教学中穿插文化教育，将语言学习置于丰富的文化背景之中，从而使学生掌握鲜活的语言，领略真实的文化，真正体验到学习的乐趣。

（2）教学原则

以上两点也正是跨文化英语教学需要遵循的两条原则：文化教学平衡性原则、语言教学和文化教学有机结合的整体性原则。除此之外，跨文化英语教学还应遵循以下几条原则。

第一，以学生为中心，培养学生自主学习能力。跨文化英语教学的核心原则是以学生为中心，旨在培养学生的自主学习能力。学生作为教学活动的主体，教学策略应紧密围绕其需求展开。在跨文化语境下，学生跨文化交流技能的提升同样立足于其主体地位，因此，学生的学习需求、体验、态度及能力等成为教学设计的重要考量因素。这一原则强调个性化教学的重要性，即根据不同学生的学习风格、方法和能力，采取适宜的教学策略，以促进每位学生的发展。自主学习能力的培养在此过程中至关重要，因为跨文化学习内容广泛且复杂，单纯依赖教师讲授难以满足学习需求。自主学习被定义为学生能主动承担学习责任，并在学习过程中具备独立决策的能力，这正是跨文化英语教学所追求的目标——通过“授之以渔”的方式，培养学生可持续发展和自我驱动的学习能力，以达成更高效的学习成果。

第二，互动性原则。这里提出的原则，不仅涵盖了语言与文化的互动，还深入探讨了中西方文化的互动，以及教育过程中教与学的互动。跨文化英语教学应与时俱进，视语言与文化为动态且相互交织的实体，在互动与发展中同步推进。平等对话与共存已成为中西文化互动的核心理念，尤其在全球化背景下，文化的互动显得尤为重要。跨文化英语教学应遵循这一原则，促进中外文化的相互促进与融合。新型教学模式打破了传统的单向知识传递，转向注重双向互动与教学过程中的反馈机制。教师的教学策略直接影响学生的学习成效，同时，学生的反馈又会反哺教师的教学方法，形成良性循环。跨文化交际的本质在于文化的双向流动，语言作为交流的媒介，在互动中得以生成和发展。因此，跨文化英语教学应当构建一个互动式的教学环境，激发学生积极参与，以达到更佳的教学成果。在这一过程中，学生的学习热情与参与度被充分调动，从而实现教学相长的目标。

（3）教学方法

我国英语教学在发展过程中，曾广泛运用多种教学方法，包括语法翻译法、直接法、听说法、认知法与交际法等。语法翻译法起源于18世纪末的欧洲，最初用于教授希腊语与拉丁语，该法侧重于翻译、阅读原著及语法分析，旨在提升学生的阅读理解力和思维训练。其优势在于能够清晰地构建语法框架，强化阅读、翻译与写作技能。然而，其局限性在于过度重视阅读而忽视语言交际功能，导致学生在语言实际运用与交流上表现不佳，加之教学模式单调乏味，学生的学习热情易消退。

直接法诞生于19世纪后半期，西欧资本主义经济繁荣、国际交流日益密切的历史阶段。该方法倡导借鉴儿童母语习得机制，直接利用目标语言进行学习与实践，摒弃母语中介，采取如肢体动作、图像展示等直观教学手段。这种方法的优点在于教学过程生动，重视实践操作，在口语能力培养上成效显著。不过，直接法也存在明显缺陷，它过分简化了儿童母语习得与成人英语学习之间的复杂差异，轻视母语在第二语言习得中的潜在价值，过于依赖经验与直觉，专注于口语训练，而忽视了对语言文化的深入理解和文学素养的培养，使学生仅能掌握表面知识，无法触及语言本质。

在第二次世界大战时期，美国军队对英语教学的需求促使听说法诞生。其核心理念在于强化听、说技能，借助模仿与反复训练，促使学生形成语言运用的习惯。该方法突出句型结构的实践，从母语对比入手，逐步提升难度，有助于学生牢固掌握英语基础。然而，其弊端在于过度依赖机械式操练与记忆，忽略了对语言运用能力的培养，以及对语言内容与意义的理解。

认知法脱胎于20世纪60—70年代的认知教学理论，该方法认为语言学习需建立在理解与掌握语法规则之上，强调智力活动在知识获取过程中的主导作用。该法认为，语言习得并非单纯的习惯养成，而是主动心理活动的结果。认知法在激发批判性思维、促进智力发展及增强学生语言综合运用能力方面展现出显著成效，因此亦被称为“现代语法翻译法”。该法的局限性在于过分倚重认知语法规则，可能重蹈传统语法翻译法的覆辙，在实践中易导致僵化。

交际法诞生于20世纪70年代，得到英国应用语言学界的倡导。其宗旨在于培养学生运用目标语言进行有效沟通的能力，教学内容强调语言结构与表达意念、功能的融合。交际法强调在真实交际情境中学习语言，重视学生的实际需求与交际能力的培养，凸显语言的社会功能。教学过程的交际化提升了学生的语言运用水平，但交际法亦面临挑战：功能意念项目的界定与量化困难；以此为纲的教学大纲缺乏科学依据；功能意念项目与语法、句型结构间的关系难以调和；可能过于宽容学生的语言错误，影响交际效果。

众多学者提出，20世纪90年代以来，英语教学已步入“后方法时代”。这一阶段的教学理念侧重于学习过程，核心在于构建语言知识，激发学习动力并发展学习策略，同时强调教师的指导作用与学生的自主性，旨在培育学生的持久发展潜力。其典型代表是“任务型教学法”。

无论是“方法时代”的教学模式，还是“后方法时代”的创新，皆源于特定的历史背景和适应条件。随着教学需求的持续演进，教学方法也在不断革新。因此，不应固守单一的教学法，尤其在跨文化英语教学中，应秉持“教学有法，无法定法”的原则，依据具体的教学内容和情境灵活选用不同教学策略，整合各种方法，取长补短，以期实现最优的教学成效。例如，遵循认知法的认知原理，借助语法翻译法来教授基础语法和语言知识，吸收直接法的直观教学手段和听说法的对比练习，确保语言知识的习得和技能训练。在此基础上，以交际法和任务型教学法为主导，设计教学流程，旨在提升学生的综合语言运用能力和跨文化交际技巧。

第五章

基于职业能力培养的高职公共英语"岗课赛证"实践应用

一、"岗课赛证"一体化在高职公共英语教学中的应用

（一）高职公共英语"岗课赛证"一体化内涵

职业教育作为一种与普通教育并行不悖的教育形式，独特之处在于强调职业性、技术性和应用性，相较于传统教育，它更加注重实践技能的培养和专业知识的应用。近年来，高等职业教育在"课程与岗位对接""工学交替""学徒制"等领域的创新尝试，彰显了其特色育人模式。然而，尽管高职教育取得了显著进展，仍面临一些现实挑战。

"岗位—课程—竞赛—证书"（简称"岗课赛证"）一体化教学模式，作为我国高职院校经过深入探索与教学实践提炼出的成果，其目的在于更好地适应当前经济发展的需求，有效提升职业人才的综合素质。在技能体系构建、教学方法设计及教学效果评价等方面，该模式展现出灵活性和多样性，为职业教育改革提供了新的思路。

鉴于当前"就业难"的社会现象，高职院校应将企业的人才需求作为教育改革的核心导向，将"岗课赛证"一体化教学模式置于教学改革的中心位置，通过强化毕业生的职业能力培训，实现教育与市场需求的精准对接，缓解企业招聘难与高职生就业难之间的矛盾，从而推动职业教育向更高层次发展。

在"岗课证赛"整合型人才培养架构中，"岗"代表"工作岗位"，是专业学习的终极目标，它体现了市场经济下企业和机构对专业人才的规范化期待。"证"即"资格证书"，是行业入门的必备条件，涵盖学历证明、

从业许可、技术资格证及各类相关注册证书等。尽管证书并不是总能直接反映实际能力，但它们确实在一定程度上彰显了持有者的专业素养。“赛”指竞赛，这是一种评价职业能力、检验并提升教学质量的有效手段，而“课”则为核心课程，是专业教学活动的核心，对塑造专业人才起着决定性作用。

综上，“岗课赛证”一体化培养模式的构建，旨在以职业所需的专业技能为导向，以各类职业证书所涵盖的知识、技能和素质为评价基准，同时便于在各层面搭建技能竞赛平台。它强调以全面、渐进的课程教学为主体，以职场任务为导向，系统地构建高等职业教育的教学框架，从而实现职业教育与职业能力要求的无缝对接。

有学者指出，技术技能型人才的关键能力应该通过“行动导向”获得[①]。针对当前高职院校公共英语教学与职场需求脱节、教学内容与学生专业及岗位需求不匹配的问题[②]，本书提出了一种基于“岗课赛证”四元融合的高职公共英语教学模式。该模式秉持需求导向和产教协同的理念，对传统人才培养模式进行改革，构建起“岗课赛证”相互促进的培养体系。通过课程与岗位的融合、课程与证书的结合及课程与竞赛的互动，多维度提升高职学生的就业竞争力，以培养出满足岗位需求的高素质复合型技能人才，如图5–1所示。

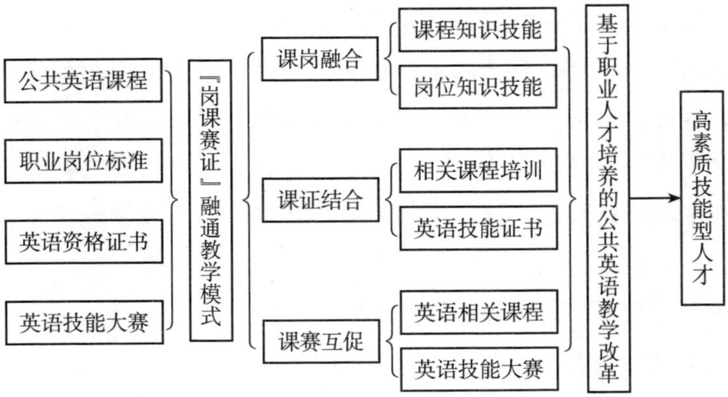

图5–1 基于“岗课赛证”一体化的教学模式示意图

① 徐朔. 论关键能力和行动导向教学：概念发展、理论基础与教学原则［J］. 职业技术教育，2006，27（28）：11–14.

② 秦琛. 基于就业岗位群的高职英语教学探讨［J］. 海外英语，2020（20）：245–246.

（二）高职公共英语“岗课赛证”一体化目标分析

作为所有专业的共同基础课程，英语课程在高职院校中起着至关重要的作用。它不仅是提升学生的基本知识和技能的关键途径，也能够提高学生讲述中国故事的能力，并推动学生持续进步。然而，目前高职院校公共英语课程“岗课赛证”融合还面临一些问题：首先，其融合的目标设定不够清晰；其次，缺乏具体的教学目的；最后，没有制订出有效的培训方案来解决这些问题。这些问题使得高职英语课程不能满足标准的要求，也不能有效地面对经济发展所带来的对于高质量技术技能人才的需求变化。所以，确定“岗课赛证”一体化的目标迫在眉睫。

1. 岗位要求分析

英语素养已成为求职者的必要素质之一，大小企业在“走出国门”的发展过程中，需要有效地与海外合作方进行互动和协作，推动双方共同进步和发展，因此对具有一定英语交流能力和跨文化视角的技术型人才的需求日益增长。相比学生的英语考试分数，企业更加注重员工的英语实践操作能力，期望学生可以熟练运用所学的英语知识来解决问题①。面对此要求，高职院校需要妥善平衡“基础知识”和“职业能力”之间的关系，强调实操性和个性化，为各个专业提供支持和服务。著者基于高职公共英语教学的多年实践经验，以及对合作企业、招聘方及毕业生就业单位对英语能力需求的深入了解，提出以下两点关键要点。首先，强调英语的日常交际效能，包括一定的听力理解能力及流利且自信的口语表达，以满足日常交谈、会议参与、电话交流等各种情境的需要。其次，要求掌握特定行业的专业英语词汇和表达，能够理解和应用与具体业务或领域相关的专业术语和概念，从而在跨文化环境中实现有效的沟通与协作，展现出对不同文化背景的习俗和价值观的理解与尊重②。

2. 竞赛项目分析

高职院校所举办的各类竞赛体现了现代社会对高职学生英语能力的核

① 黄立群. 基于EGP与ESP深度融合的高职英语教学改革与创新实践调查研究：以陕西国防工业职业技术学院为例［J］. 陕西教育（高教），2022（9）：78-79.

② 张莉飞. 高职英语“岗课赛证”融通机理及模式研究［J］. 河北能源职业技术学院学报，2023，23（3）：80-83.

心需求。在职业院校技能大赛中，英语口语比赛影响力最广，参与人数最多，社会关注度最高。比赛一般分为“中国故事”“情境交流”“职场描述”“职场辩论”四个部分。“中国故事”环节关注特定主题，评价选手的语音语调、语言素质、非言语沟通技巧，同时检验他们传播中国文化的语言运用能力。“情境交流”设定实际交际场景，要求选手扮演某个角色并与外籍考官进行口语交流，不仅测试选手的听说技能，而且涉及职场交际礼仪和对话策略。“职场描述”环节，选手需对反映行业动态、企业运营经济热点的图表进行解读和评论，这既考核行业知识，也检验选手的语言运用的条理性和逻辑性。“职场辩论”则涉及职业领域或社会焦点问题的现场辩论，对选手的批判思维和论辩技巧提出较高要求。这一赛事旨在提升高职学生用英语传播中国文化及职场沟通的综合能力，对参赛者的知识和技能水平有较高要求。

由外语教学与研究出版社和中国外语与教育研究中心共同主办的Uchallenge大学生英语挑战赛亦广受关注。该赛事涵盖“外研社·国才杯”全国高等职业院校的英语演讲、写作、阅读三大类别，主要评价学生的英语实用能力和人文思辨能力，以适应未来的职场需求和个人持续发展。

高职院校的学生英语词汇大赛，如“外教社·词达人杯”大学生英语词汇大赛，依托智能学习平台在线举行。比赛围绕高校英语应用能力考试A、B级词汇及课程思政相关词汇，全面检测学生对词汇的发音、拼写、含义和搭配的掌握程度，参赛方式简单，且社会反响良好。

3. 英语相关证书分析

除学历证书外，学生在学习生涯中获取的一系列职业能力等级证书，有效地验证了他们的英语水平，增强了他们的求职竞争力。例如，高职英语四、六级证书，以英文原文素材为命题来源全面测试听、读、写、译等语言技能；剑桥商务英语证书，评价学生在日常工作中和商务情境下运用英语的能力，涵盖听、说、读、写四个维度；英语职业能力等级证书，作为教育部“1 + *X*”证书体系中唯一的英语类别考试，已被纳入第四批试点项目，它通过模拟实际工作环境，考核学生在职场中运用英语进行口头和书面交流的综合能力；等等。这些证书的设计着眼于提升学生的就业能力和职业发展潜力，目的在于将英语语言能力与职业能力相融合，检验学生的专业知识和技能，是对学生在职场中运用英语执行任务的各方面能力的权威评价。

（三）高职英语“岗课赛证”融通机理

“岗课赛证”四个方面构成了高职英语课程的核心部分，一方面涵盖了该课程的基本知识、技巧及实际操作；另一方面则包括竞赛活动、就业职位和职业资格认证。相应地，课程也成为推动“岗课赛证”相互结合的关键环节。因此，需要全面且系统地分析如岗位需求、课程规范、考试流程等问题，并在此基础上针对课程结构、教材内容、授课方式、评价方法等方面进行改革和创新，达到促进“岗课赛证”的紧密联系，使理论学习与实践经验形成良性的互动关系，从而深化教育领域与行业间的合作，提高教育的品质和效果。

1. 强调实用性，课程架构和内容与时代同步发展

遵循“岗课赛证”融合教育理念，必须重视目标导向的原则，这需要密切关注现有的职业需求及行业的演变方向，并以此作为制定“知行合一”的专业课程培养系统的基础。通过在实际语境下实施项目型学习，可以实现学训相结合、学赛相连、产教互补、工学一体的积极互动模式，从而建立起“基础知识+专业技能”的高职英语课程架构。同时，应深入研究财经、商业贸易、旅游、医疗保健等相关领域的具体工作要求，以便设计合适的课程与教材，并且定期调整教学内容，确保能够有针对性地向学生传授知识，同时能够有效指导教师的教育工作。

2. 聚焦职场，教学与实践运用互通衔接

为适应职场需求，应以职场任务为导向对课程进行拆解，使其与英语语言应用能力的标准相统一。这将重塑一个涵盖“教学、学习、实践、训练、研究、竞赛”的全面高职英语教学模式。同时，需革新教学手段，积极探索“互联网+”和“智能+”的教学模式，广泛实施项目教学和模拟教学，以提高学生的实际操作能力和实践经验。此外，应拓宽实践实训的领域，利用校企合作的平台，组织一系列专题化、短期化、常态化的英语技能研讨会，构建具有公共基础课特色的产学研合作和协同育人的实践平台，以激发学生的学习热情和参与意识。

3. 驱动发展，育人与就业创业无缝对接

作为影响人才培育品质的关键因素之一，语言学习课程应同时具备实用性和文化性，必须坚定地坚持以优质教学为中心的理念，积极响应“一带一路”倡议，满足高级技工教育的标准要求及职业教育的特有方向。设立由毕业生或业界精英构成的专业教师体系，并定期与学生互动，向其提供定制化的工作建议和服务，可以协助学生在职业生涯规划上作出明智的选择，并加深对未来市场的理解。

“岗程赛证”融合式教育为高职院校英语教学深层建设提供了一个机会，它不仅能保证课程教育的实施，还能提升课程的高级性、创造性和难度，从而激起学生的求知欲和专业热情，塑造学生的批判思考能力和创新意识，并使语言学科能够真正助力其未来事业发展，提升其工作价值。

（四）高职公共英语中“岗课赛证”一体化应用

职业教育的特质决定了高职院校需要从满足行业的实际需求的角度出发，开展教学工作。“岗课赛证”融合的专业人才培训体系强调学校与企业的紧密合作以共同培养人才。这个系统的主要目标是提高学生的岗位能力，获得相应的资格认证，通过各类竞赛活动展示学校的独特性和优势，而这些都体现在具体的课程设置上，详见表5-1。

表5-1 “岗课赛证”融通应用示意

专项能力	岗位能力	课程设置	职业能力证书	技能比赛
基础英语能力	熟练掌握英语基础知识具有较强的英语听、说、读、写、译能力	高职实用英语1——综合英语 高职实用英语2——英语视听说	高等学校英语应用能力考试合格证书，全国高职英语四、六级考试证书	英语演讲大赛、阅读大赛、翻译大赛、写作大赛、词汇记忆大赛、配音大赛等
职业英语能力	掌握旅游管理、酒店管理、师范、护理等职业的英语术语应用能力	旅游管理英语 酒店管理英语 师范英语 护理英语	全国职业英语考试证书	
职业英语能力	掌握各类职业的英语口笔译能力	高职实用英语2——英语视听说	英语职业能力等级考试证书	
职业英语能力	具有涉外信息处理能力	高职实用英语1——综合英语 高职实用英语2——英语视听说	国际人才英语考试证书	

“课岗融合”“课证结合”“课赛互促”是利用课堂教学开展的一体化教育模式，既可以让学生在学习的过程中深入了解真实的职场环境，又可以通过比赛的形式提高学生的职业能力和应对突发情况的能力，实现培育满足职位要求的高品质技术人才的教育目的。例如，对于国际贸易专业的学生来说，他们主要面对的是跨国公司和专门的外贸机构中的各种职务，如采购专员、检验员、销售代表及管理层的人员等。因此，需要根据这些岗位的实际工作任务来规划课程，并参考职业能力测试和竞技的内容，来重新构建课程内容。

教育内容的优化对提升课堂教育的品质至关重要。根据各行各业的需求变化及不同级别与专业的比赛形式转变，可以以“语言学识”“语言技巧”“跨文化交际”为基点，构筑培养“基本语言能力、高级语言技术、文化和职业英语”的高职院校通用的英语课体系，使学生的语言理论、实践操作和实际运用同步发展，从而加强高职院校英语课程的核心价值。

为了构建一支兼具英语教学与专业课程知识的复合型教师队伍，高职院校应打造英语教师与专业课教师的柔性团队。此团队将聚焦于大数据会计、市场营销、电子商务、软件技术、酒店管理及旅游服务等领域的专业教育，紧密结合行业标准与职业能力等级标准，以实际工作任务为导向，革新高职英语的知识体系，提高考核学生能力的要求。通过构建一套面向职场情境的教学内容体系，可以实现“所需即所学”的教育理念，显著提升英语教学的针对性与实用性。

组织英语赛项规程研讨会，深入探讨各类技能赛项的经验并吸收成果，并将其有机融入教学全过程。此举不仅涉及对教材、课件、教案等课程教学资源的修订与优化，而且推动了教学模式与方法的创新，以及教学评价方式与手段的完善。通过这些举措，可以为高职英语课程体系的修订与建设注入新活力，充分发挥各类大赛在培养学生职业能力方面的引领作用，确保学生能够掌握与行业需求紧密对接的专业技能。

二、课岗融通，拓展校内实践和校外实训基地

（一）校内实践及校外实训基地建设

“课岗融合”的教学模式，其核心在于根据职位要求设定教育内容，并以此作为引导，培养学生实际操作的能力。该方法针对学生未来可能从事的工作所需的相关语言技巧进行研究，制订一套与各行业具体工作流程相匹配的课程框架。从课程到实践，需要一个过程，其中，实习经验被视为提高英语运用能力的必不可少的环节。鉴于许多高职院校的学生英语水平相对较低的事实，应该积极开展课堂内的语言练习活动，例如演讲、报告、朗诵、交流等，激励学生大胆使用英语，勇于展现自己，从而进一步强化他们的英语基本能力和使用英语的信心。

利用校内的实训平台与校外的实习基地，深入开发并充分利用校内外的教学资源，创建丰富、真实的英语学习环境。在选取教学图片、道具和场景时，应尽可能地贴近专业标准，参照企业管理模式运行。通过采取情景模拟、案例分析、项目融入等多元化的教学方法，将“课堂”与“岗位”无缝衔接，将各种职业标准所对应的理论知识、实践技能和职业素养融入公共英语课程中，确保职业素质培养贯穿所有职场任务，以此构建一个完整的教学框架。

建设校内实训平台，举办一系列的英语基础技能竞赛，如演讲比赛、英语配音竞赛、写作大赛等，让学生积累比赛经验。同时，积极拓展校外实践机会，借助产业学院等合作机构，依据岗位需求，紧跟专业发展动态，将职业要求系统性地融入课堂教学，实现教学目标与岗位需求的对接。此外，还可以利用本地的博物馆、纪念馆和旅游景区资源，开展文化旅游宣传实践活动，培育学生的英语服务技能，提升他们用英语对外传播本土文化的能力。

以Z省某职业学院为例，随着旅游产业结构的持续优化，旅游英语课程正逐步适应现代旅游业的需求。通过对岗位职业能力进行深度剖析，坚决贯彻“全面开设”“充分开设”“优质开设”的理念，该学院重构了课程架构，构建了一套科学、系统的课程体系（如图5-2所示）。课程设置紧

密贴合岗位实际需求，及时响应行业和企业发展的新兴业态，力求实现“精准开设”“创新开设”“优质开设”。为了提升学生的综合素养和职业能力，学院精心设计英语课程体系，利用实训室、专业实验室、微格教室等设施，创建仿真的职业环境，从而培育具有现代国际化视角的专业人才。

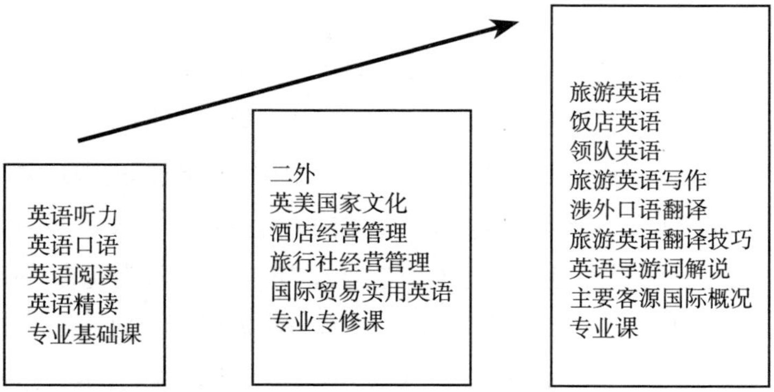

图5-2　Z省某职业学院“岗位—能力—主干课程”体系

（二）创设真实自然的语言环境

加大对建设教学所需的语音室、多媒体教学设备、职场模拟实践教学场地等的投入，创设真实自然的语言环境[①]。

（1）语音室

沟通是语言的主要职能，其重要性无需赘述。建立语音室，可以让学生们通过收听、分辨、模拟、朗读和对话等方式纠正自己的英文发音，从而熟练且精确地使用英语进行交流沟通。

（2）多媒体设备

结合了音频、视觉、动画与文本的多媒体形式为英语教学提供了丰富的支持工具。灵活运用多媒体不仅可以丰富教导的方式和技巧，而且可以推动其进一步发展。多媒体在语言发音训练、激发学生的热情、创造实际场景以增强交流技能及推进自我学习等方面都发挥着关键的作用，有助于提升教学效果。通过使用多媒体，教师能够更深入地阐释教材的艺术吸引力和趣味点，把那些原本难以理解或乏味的知识转化为生动且易于感知的形式。

---

① 王亚珍. 以职业素质为导向的高职英语教学改革研究［D］. 咸阳：西北农林科技大学，2014.

（3）职场模拟实践教学场地

高职英语职场模拟实践教学，以系统性、职业性与实用性为指导原则，旨在构建符合职业教育目标及课程教学需求的模块化实训模式。该教学模式通过精心设计的职业情境实训项目（如表5-2所示），有效激发学生对英语学习的热情，进而实现对学生职业英语能力的全面培养与提升。此模式下的实训项目紧密贴合实际工作场景，不仅强化了学生的语言应用能力，而且促进了其职业素养的全面发展。通过参与这些实训活动，学生能够在模拟的真实职场环境中，将理论知识与实践技能相结合，从而更好地适应未来职业生涯的需求。

表5-2　职业素质培养导向模块

主模块	子模块1	子模块2	子模块3	子模块4	子模块5
应聘前的准备	公司简介	招聘信息	单位信息	个人简历	应聘礼仪
面试	发布求职信息	模拟面试	自我介绍	英文书信	特长展示
办公日常工作	内部通知	电话沟通	会议议程	邀请函	实时通信
宴请客户	订餐服务	菜品介绍	餐桌礼仪	酒店预订	接待与送行
商品贸易	标语海报	商品推介	商品订购	商品销售	商品运输
售后服务	致歉信	投诉信	问卷调查	处理纠纷	上门服务

三、课赛融通，开展多元的英语技能竞赛活动

把比赛与教育相结合是让职场技术竞技活动与课堂学习紧密联系起来的一种方式，通过“课赛互促”，达到以“赛”促“学”、以“赛”促“教”、以“赛”促“改”的目的。高职院校可以在普通英文教育的背景下加入专业的技巧比试，以激起学生的求知欲望，并且增强他们的创造力、实战经验及整体素养，同时引导教师实施课题式的教授方法，以便进一步提升其教学成果和人才培育水平。为深化“课中学、赛中练、创中思”的递进式教学模式，各高职院校应紧贴英语口语技能大赛标准，对现有教学内容进行优化升级。具体而言，需精心设计与竞赛要求相契合的语言输出任务，以全面提升学生的英语实际应用、口头表达及即兴应变能力。评价体系应涵盖语音语调、现场表现与综合素质等多维度，以期实现教学与竞

赛的深度融合，从而激发学生的创新实践精神，推动其全方位发展。为强化这一目标，各校应设立英语实践创新工作室，系统规划各类英语竞赛活动。此举不仅可以提供丰富的英语应用场景，助力学生积累实战经验，挖掘个人潜力，而且可以鼓励他们在备赛与参赛过程中，以灵活自信的态度运用英语，开展高效口头与书面交流，从而彰显新时代高职学生的积极进取形象。同时，这是展示高职英语课程“课程思政”教学成果的重要窗口。

以D省职业学院为例，以全国职业院校口语技能大赛为契机，其公共英语教学深挖大赛资源，将比赛对基础知识、专业素养、职业能力、职业发展规划等的要求转化为教学内容，打造“基础必修课+公共选修课+常态化比赛”三线并行的英语实用技能型人才培养方式，形成“以赛促教”的长效机制。

四、课证融通，丰富备考资源

为了构建“课程学习—岗位能力—职业资格”三位一体的教学体系，高职院校应紧密对接各专业行业的实际岗位需求，确保课程设置与职业资格标准相契合。通过将职业证书考试大纲与专业教学大纲无缝衔接，实现“多证书”教育目标，不仅为学生指明学业方向，而且为提高学生就业竞争力添砖加瓦。

具体实施时，需将公共英语课程与各类英语职业资格认证相结合，根据不同证书的具体要求定制教学方案。例如，基础英语教学可参照高职英语四、六级考试大纲，设计相关课程内容，或开设四、六级考试专项辅导班，全面提升学生的听、说、读、写、译综合英语能力，从而提高考试通过率。针对不同专业的学生，应根据其特定的职业英语认证需求，如职场英语、英语职业能力等级考试等，量身打造课程体系；再如，提供实用英语交际职业能力等级证书、剑桥商务英语证书等的考前辅导，实行证书与学分互认机制，增强学生的就业技能，使其在求职市场中更具优势。

梳理并整合“课证”与课程体系，精准对接学生职场情境下的工作任务与核心职业素养需求，聚焦英语应用能力培养。构建包含典型职场任务、英语口语技能大赛、实用英语交际职业能力等级、专业创新创业，以及融入课程思政元素的高等职业教育英语课程体系；采用“模块化”课证课程结构，旨在通过证书达到促进课程改革、学习深化、教学质量提升和体系建设，实现多证书教育目标。

在这方面，可以参考S省的某职业院校的做法。近年来，该院校着重于提升学生的实际技能，积极组织本地学生参加S省高职英语职业资格三级认证考试。这门考试的核心理念围绕“面向职场、重视交流、官方认可”，其试题设计紧密贴合职业需求，旨在增强学生的就业竞争力（如图5-3所示）。通过实施“教育与证书相结合”策略，该校学生在国家和省级职业技能竞赛中的表现显著进步，获奖率呈现上升趋势。

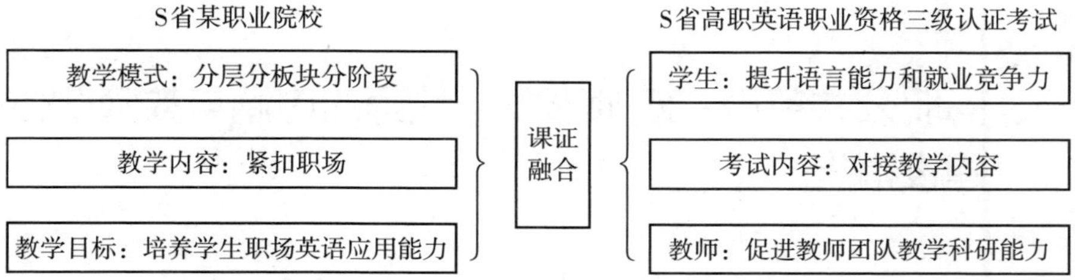

图5-3 S省某职业学校“课证融合”公共英语教学体系

第六章

基于职业能力培养的
高职公共英语教学评价及师资改革策略

一、高职公共英语“双师素质”教师的内涵与教师队伍建设措施

（一）“双师素质”内涵

在高职英语课程教学中，教师的专业素养、教学能力和实践经验对学生的学业成效及职业发展起着决定性作用。强化校内师资队伍建设，不仅促进了教师间的交流与协作，而且显著提升了教师的教学质量和专业水平。卓越的教师能够设计出更加生动、实用的教学方案，采用创新的教学方法，有效激发学生的学习热情，增强其职业竞争力。由此观之，加强校内师资队伍建设是优化高职英语课程教学的关键策略[①]之一。

“双师素质”概念超越了单一教师的能力范畴，具体指教师除了拥有讲师及以上职称外，还需具备中级技术职称或至少一年的企业一线专业岗位工作经验。这类教师应能指导学生进行专业实践实训，参与并完成至少两项技术研究项目，且成果已被企业采纳并产生显著经济效益[②]，或在过去五年内负责过至少两项校内实践教学建设或技术升级工作，且使用效果良好。

根据上述标准，“双师素质”教师能够融合专业理论与实践教育，推

① 钮华. 基于职业能力导向的高职英语课程教学研究［J］. 新课程研究，2024（9）：28-30.

② 张蕾. 高职院校公共课程“双师素质”教师队伍建设：以英语课程为例［J］. 湖北开放职业学院学报，2022，35（20）：172-174.

动教育均衡发展。在高职院校公共英语课程教学中，构建“双师素质”教师队伍不仅能够优化通用英语教学，而且能支撑专门用途英语教学的实施，为学生提供专业相关的英语知识系统学习的重要辅助，从而全面提升教学效果和学生综合素质。

（二）公共英语课程“双师素质”教师队伍建设重要性

在高职院校的公共英语教学实践中，系统性地构建“双师素质”教师队伍，不仅是对教育模式的一种积极探索，而且为人才培养工作提供了坚实的基础与保障，能够有力推动教学活动的全面革新与升级。

1. 有利于强化学生职业素养

高职教育的主旨在于提升学生的职业能力，使他们在我国的社会发展中发挥重要作用。相较于普通本科教育，高职院校的教学模式独具特色，尤其注重构建并培育具备“双师素质”的师资队伍。这种教学策略不仅深化了学生对专业理论知识的掌握和领悟，而且强化了他们的实际操作能力。通过精研职业英语，学生的专业素养得以有效提升，进而鲜明地体现高职教育的人才培养特质，整体上优化了高职院校教学的质量。

2. 有助于增强英语教学的丰富性

在高职院校致力于构建“双师素质”教师团队的探索中，持续提升教师的“双师素质”至关重要。此举不仅能够确保教师的专业技能与高职院校公共英语教学目标高度吻合，而且能够促使教师依据高职英语教学的独特性系统地设计教学方案，精心挑选教学材料。“双师素质”教师将具备同时开展通用英语及职业英语教学的能力，紧密围绕学生的职业发展方向，提供针对性强、效果显著的教育指导，进而全面促进学生英语能力提升。

3. 有助于优化教师团队素质结构

针对高职院校的公共英语课程，推行“双师素质”培养策略可有效提升教师队伍的综合素养。在多元化的培训和实践经验的指导下，教师不仅可以发展出卓越的公共英语教学技能，而且可以积累宝贵的实践教学经验。这使得教师能够根据当前高职教育的需求及职业教育的人才培育特性，设计并实施教学活动，从而提升教学效果。在这个进程中，构建“双师素质”的教师团队能够优化师资结构，同时显著提高公共英语教学的整体教学质量。

4. 有助于拓展学校社会服务范围

高职院校肩负着教学、研究及社会服务的重任。在构建“双师素质”师资队伍的过程中，提升教师的综合素养与专业化职业教育能力，将有力推动教师更高效地开展教学实践。这将为彰显职业教育的实效性，推动高职院校公共英语教学的改革进程，增强学校教学质量、教育影响力奠定坚实的基础[①]。

（三）高职院校公共英语课程“双师素质”教师队伍建设措施

1. 多部门联合，强化教师职业教育培训

其一，推动“双师素质”公共英语教师的培养，需要政府的介入。政府应建立适合高职院校公共英语“双师素质”团队建设的法规框架，从宏观层面引导和支持此类教师队伍的发展，同时动员社会资源，确保其规范化和有条不紊地推进，为高职院校师资队伍的稳固提供有力保障。

其二，教育管理部门和高职院校应基于高职教育的特性及公共英语“双师素质”师资的实际需求，改进教师培训体系，更新教师队伍建设理念。争取企业和事业单位的合作，通过深化校企合作，培养具备出色英语实践技能的“双师素质”教师，有效支持学校的公共英语教学，以提高英语专业“双师素质”建设水平。

其三，改革职业教育时，可融合学历教育和非学历教育，根据高职院校公共英语教学的需求，强调教师的国际交流和专业训练，提供在企业实习的机会，使教师能在半工半读的状态下接受教育和进行实践，从而提升自己的综合技能。这样的举措将全面提升教师队伍建设的成效，有助于凸显公共英语教学的独特性，并推动高职院校全方位的人才培养创新。

2. 多元化考核，完善实践考核激励机制

有效的考核与激励机制能够显著增强公共英语教师参与“双师素质”教师队伍建设的动力，从而稳步提升其综合素质。在实践中，高职院校需

---

① 张蕾. 高职院校公共课程“双师素质”教师队伍建设：以英语课程为例［J］. 湖北开放职业学院学报，2022，35（20）：172-174.

积极拓宽用人渠道，体现公共英语教师队伍建设的多元化及特色。

首先，学校应优先强化人才引进策略，不仅应吸纳应届毕业生，而且要吸引来自其他高校、科研机构的高质量师资，同时，应从企业引入一定数量拥有丰富实践经验的公共英语教师，以丰富教师队伍构成。

其次，需加大教师教育与培养力度，特别关注缺乏实践经验的教师。通过调整工作安排，提供定期培训机会（如赴外部企事业单位顶岗实习或挂职锻炼），强化教师的专业英语技能，持续提升教师业务素质。

最后，构建健全的教师实践能力考核激励体系至关重要。应将薪酬体系、进修机会及职业晋升向“双师素质”教师队伍倾斜，以激发年轻教师主动学习专业英语知识的热情，充分调动全体教师的工作积极性，进而提升其专业素养，确保其能为公共英语教学活动的顺利开展提供有力支撑。

3. 合作化推进，构建校企联合工作体系

（1）校企合作培养“双师素质”教师

相关调查结果显示，许多高职公共英语教学者缺乏实际的企业工作经验。因此，强调校企合作策略，发展集教学、研究、生产于一体的教育模式，强化英语教师团队至关重要，以增强教师的实践技巧，重视实训，彰显职业教育师资的优越性。推进高职院校“双师素质”教师队伍的建设，离不开企业的积极协助。实际操作中，建立有效的校企协作机制能够为“双师素质”教师队伍建设提供有力支持，同时也能促进教师个人的职业素养和英语实践教学能力的提升。所以，实践中应深化校企合作，从建立稳固合作关系的视角出发，为高职公共英语“双师素质”教师的培养创造更有利的环境。

为了增强高职院校公共英语教师的教学实践能力，应该鼓励教师主动走出课堂，前往企业实地观察、实习与体验。通常，专业课教师的实践机会更为丰富，而文化课教师和英语教师则较少有这样的机会。这种不平衡导致了公共英语教师在企业环境下的实际操作经验及专业技能相对匮乏，动手能力亟待提升。高职院校应定期安排专业课教师和文化课教师，如英语教师进入企业进行考察研究，以深化对行业动态和实际岗位需求的理解。教师应当借此机会，适时调整和优化自身的教学计划与管理工作，确保教学内容与企业实际紧密结合，从而提升教学质量与适应性。高职院校的英语教师参与企业实践活动，能够促使他们全面掌握学生们在实际工作中可能遇到的英语应用场景，比如阅读复杂设备的操作手册，以及各类涉外事务处理等。教师借此机会可以亲身体验企业的运营核心、部门运作、生产流程，以及职场生活。作为教育者，教师应充分利用实地考察、实践体验和反思，来深化对所需专业性知识和技能的理解，明确哪些环节需要英语支持，并将这些洞察带回课堂，使公共英语教学更紧密贴合职业需求，实现以就业为导向的教学目标。教师如果频繁地参与企业实践，就能准确把握企业需求，进而有针对性且有说服力地设计教学内容，这对学生和企业来说是一种双赢，学生会更加重视公共英语课程，而教师的教学能力也将得到显著提升，这对学生的个人成长大有裨益。

具体而言，提升英语教师的职业能力应从三个维度着手。首先，构建校企合作桥梁，激励英语教师投身企业技术实践。为此，需出台精准政策，推动企业敞开怀抱，为英语教师提供实习岗位，让其亲身体验一线工作环境，汲取实践经验。其次，深化教师企业浸润，确保其直面企业核心技术，沉浸于实际生产场景，积累宝贵经验。最后，加强与企业的紧密合作，倡导工学结合、校企协同育人模式。在此基础上，高职院校应整合现有实践教育资源，构建以促进英语教师实践技能全面提升为目标的培训中心，通过推动职业培训向系统化、科学化迈进，避免分散作战，建立灵活高效的企业实训体系。

赴企业实践不仅能够加深教师对理论知识的理解，还能让教师全方位获取企业实战知识与技能，深入了解企业运营全貌。通过教师亲身参与企业项目，不仅能显著提升教师实践操作能力，还能增强其问题解决与创新开发的本领，从而，更好地启发学生。

例如，在推动校企深度合作的框架下，针对旅游管理专业的教学活动，可以依托企业的资源构建虚拟训练场景和实际操作平台。这不仅加强了学校与企业的合作纽带，而且为高职院校的公共英语教师创造了实地考察旅游业英语运用和酒店管理英语的环境。这种模式旨在通过实践经验的积累，提升教师的专业技能和实践能力，使教师理解和适应新时代旅游活动中英语需求的变化，从而调整跨文化交际和翻译的策略。具体来说，教师们在真实的旅游景区和酒店环境中实践，能够深刻理解现代旅游活动和经济建设中英语应用的新趋势和挑战。这些实践经验不仅丰富了教师的教学内容，而且促使教师反思并改进教学方法，将自身的职场英语沟通技巧传授给学生，从而增强学生的专业技能和综合素质，进一步优化英语教学效果。这种策略的实施，有助于提升高职公共英语课程师资队伍的整体水平，为公共英语课程的科学化和系统性创新提供坚实的基础。通过这样的方式，教师队伍的专业素质与教学质量得到了同步提升，为高等职业教育的持续发展注入了活力。

（2）邀请企业专家走进校园

为确保高职院校毕业生具备符合行业标准的英语素质，以满足职场需求，必须强化教育与实践的结合，构建适应性更强的公共英语教学体系。为此，高职院校需直面师资队伍结构的新挑战，创新性地引入企业专业人才作为讲师，或定期邀请其入校交流，以优化师资配置，显著提升学生的英语应用能力。

深化校企合作是实现这一目标的关键路径。具体措施包括：派遣英语教师深入企业一线，精准掌握职场对英语技能的具体要求；英语教研部门应主动对接企业与行业专家，邀请其参与教学计划的设计与内容修订，确保教学活动紧密贴合岗位需求；教师可灵活运用任务导向、情境模拟、小组协作及体验式教学等方法，激发学生主动探索问题、分析问题、解决问题的潜能，从而加深其职业认同，全面提升其英语职业素养。此外，鼓励企业专家深度融入教学实训过程，不仅丰富了教学资源，而且增强了课程的实用性和吸引力。为进一步凸显英语学习的职业价值，可定期邀请企业资深工程师举办专题讲座，分享个人经验，阐述英语在职场中的重要性。例如，开展“企业职业英语能力需求”等主题讲座，紧密关联实际，帮助学生深刻理解公共英语学习的重要意义，明确个人发展目标，激励学生持之以恒地努力，最终达成既定目标。

4. 灵活性投入，调整教师队伍投入比例

经费短缺严重制约了高职院校公共英语“双师素质”教师队伍的建设，基于对公共英语教学需求的深度反思，有必要重新评价“双师素质”队伍建设的战略意义，进而加大财政投入，以保障“双师素质”教师队伍的有效建设与持续发展。为了切实提升“双师素质”师资力量，高职院校在日常运营中，应深化对“双师素质”教师团队构建的聚焦力度，设立专项基金及配套管理架构，全权负责公共英语领域“双师素质”师资的培育工程。高职院校应保证充裕的资金流以支撑教师深入企业一线，亲身体验行业动态，参与专业技能培训，同时为教师申请实践性科研项目提供资金方面的保障，从而全面提升其实践教学素养，为公共英语教学革新注入活力。与此同时，高职院校应灵活调配教育资源，依据“双师素质”教师培训的实际需求，实现资金的精准投放，构建起立体化、多样化的财务支持体系，营造崇尚技能、尊重专业的教育环境。此举将激发教师主动投身“双师素质”培训的热情，为职业教育的人才培养体系升级与模式创新打下坚实基础。通过资金使用的调整与优化，高职院校能够有效推动公共英语“双师素质”教师团队建设的精细化发展与创新突破，为高质量人才培养源源不断地输送师资力量。

二、高职公共英语教师专业发展的途径与方法

（一）提高行业英语知识水平

提升高职院校英语教学的专业实力，关键在于实施高质量的教师能力建设项目，借鉴国际先进经验和高等教育机构的成功模式，应建立适合高职英语教师的知识更新体系。

首先，应在高校内部构建一个专门的师资培训体系，明确规定对高职英语教师的专业知识深化培训的具体规范，强化基础设施，并优化培训环境[①]，以打造一个卓越的学习和提升平台。

其次，应制订详尽的英语教师专业发展计划，包括职业发展规划和资格认证培训，同时设立严格的评估体系，确保培训效果的落实和教师能力的稳步提升。此外，新入职教师须接受岗前培训，接受教学实践和实际操作技能的培训，在资深教师的指导下参与教学研讨活动，并进行试讲，积累教学经验和技巧。

再次，高职院校需对新聘教师进行严格的考核，只有合格者才能获得教师资格。实践技能的学习可通过校内统一安排或教师自我实践在企业完成，并在结束后获得相应的技能证书，以证明其具备基本的教学能力。

① 叶林. 职业教育导向下的高职英语教师队伍素质建设研究［J］. 延边教育学院学报，2017，31（5）：47-49.

最后，为了保持高职英语教学的专业知识和技能的更新，应定期对在职教师进行专业深化学习和企业实习的培训。专业知识的进修有助于全面提高教师的专业素质，培训内容应涵盖学术和教学技能提升等多个层面，培训形式可多样化，包括利用师资培训中心、师徒结对、听课等模式。此外，高职英语教师还应定期参与行业实践和新技术培训，以适应不断变化的职业英语教学需求。

（二）开展好教学研一体化活动

提升高职英语教学的整体质量是一项紧迫的任务，它呼唤深度的教学研究，而这项重任主要落在教师肩头。然而，英语教师教学负担繁重，如何让他们以有限的精力平衡教学与研究，寻求两者的协同效应？教师需理解科研并非孤立的教学补充，而是其内在组成部分，这要求教师探寻一种科学途径，提升自身的综合素质和教学理论素养。

在教学研究的过程中，教师应具备敏锐的问题洞察力，通过全面的分析和反思，主动承担起解决实际教学难题的重任。这种积极态度将有力推动高职英语教育的深化与实践的革新。

三、高职公共英语多元化教学评价模式的构建

（一）高职公共英语教学评价概述

1. 高职公共英语教学评价的功能

在高职公共英语教学中，教学评价是一项基于定量与定性描述的价值判断，其核心在于深入剖析教学成果及背后动因，全面掌握公共英语教学各环节的实况，以精准评价公共英语的教学实效、揭示潜在矛盾及问题。有效的教学评价不仅能够准确描绘学生当前对于公用英语的学习状况，并且具备诊断功能，而且能精准识别当前存在的公共英语教学困境的根源，如教育资源匮乏、教学策略不当，学生动机偏差、归因错误或态度问题等。恰如医者诊治疾病，精确诊断方能开出对症之药，在开展公用英语的教学评价时，需遵循科学原则，解决教学过程中的各类问题。因此，在进行公共英语教学评价的过程中，应强调客观性与准确性，通过专业的视

角，为高职公共英语教学改进提供有力依据，促进公共英语教学质量的持续提升。

现代教育理念强调以学生为主，这就要求学生有更高的独立性、主动性。为了达到这个目标，现代教育评价的一个重要做法是预先将评价的依据和标准公布给教师或学生，使他们知道所要完成的任务，以及可能面临的问题。这将为被评价者明确下一步教学或学习目标起到很好的导向作用。

科学合理的教学评价体系能有效激发高职公共英语教师的教学热情，同时激励学生保持持续的公共英语学习动力，引导双方将焦点集中于教育的核心——教与学的过程。对高职公共英语教师而言，及时且公正的评价有助于其更新教育理念、明晰个人在教学实践中的提升方向；对学生而言，教师的正面肯定、奖励机制及对学习进程与成果的及时反馈，均能显著提振其学习兴趣，优化其学习成效。

高职公共英语教学评价的核心功能在于提供教学互动的反馈信息，以此为依据调整高职公共英语教学策略，确保教育活动的高效开展。此反馈机制主要涵盖两方面。首先，面向公共英语教师的教学工作评价，能够指导教学方法的优化，鼓励教师探索创新的公共英语教学手段；其次，学生自我评价的引入，能够促进个体对自身学习状态的深入认知，促使学生自主调整学习策略，改良学习方法，从而强化学习的主动性和效能性。

2. 高职公共英语教学评价的意义

高职公共英语教学评价作为教育评价体系中不可或缺的一环，其核心价值在于通过反馈机制揭示、调控、优化及提升高职公共英语教学活动的本质效能。如同信息传递系统中的反馈环节，高职公共英语教学评价能够精准反映公共英语教学体系的运作状态，从而有效调适整体机能，确保教学目标的达成。因此，高职公共英语教学评价不仅是导航工具，能持续为英语教师、学生及高职院校提供教学进程的方向、速度与路径信息，而且能依据预设的公共英语教学目标，指引前进方向，激发各方协同努力，以最优策略推动学生的全面发展，实现教育目标。

对于高职院校而言，教学评价记录汇总学生学习历程，是学生升级、奖学金评定及毕业资格认定的可靠依据。公共英语教师则可以借助于教学评价及时掌握学生学习动态，评价教学成效，反思个人教学策略，进而提高教学质量；学生可从中获得学习成果的即时反馈，明晰自身优势与待改进之处，实现自我完善；家长亦能借此了解子女学业状况及变化趋势，与学校联动实施家庭教育。

然而，若评价方法缺乏科学性，仅凭一两次考试成绩定论，或评价标准与学生实际能力脱节，将对学生造成负面影响。如过分依赖考试分数评判学生，可能导致优秀生自我膨胀，忽略全面成长，而多数学生则可能因失去信心与动力，陷入消极学习状态。偏离教育目标的评价，更会误导教学导向，阻碍学生潜能的全面开发。

3. 高职公共英语教学评价模式的分类

（1）诊断性评价

诊断性评价作为教育评价的一种形式，其核心目标在于，在课程或学习单元启动前，系统地评价学生在认知、情感及技能层面的预备状态。精准识别学生的学习起点，以便教师能够制订教学策略，满足学生个性化需求。

在高职公共英语教学中，此类评价不仅能够预示教学方向，而且更为关键的是，它能针对缺乏必要前置知识的学生，设计出使其克服学习障碍的路径；同时，对于已具备部分或全部课程内容基础的学生，规划出既能拓展其优势又可预防学习倦怠与自我满足感的学习计划。

诊断性评价的灵活性体现在其既可在教学正式展开前进行，以实现对学生能力的初步定位，又可在教学进程中实施，通过持续监测并纠正学生学习中反复出现的错误。

（2）形成性评价

形成性评价，又称过程评价，是一种在课程设计、教学实施及学习进程中，对课程构建、教师教学及学生学习的实时状态所进行的系统评价。其核心目的在于及时评价高职公共英语教学活动的效果[①]，提供信息反馈，以便进行必要的修订、调整和强化措施。该评价的关注点在于工作的改进，而非等级的区分。

在高职公共英语教学中，形成性评价的根本目标在于通过频繁而及时

① 祝洁. 形成性评价在高职院校公共英语教学中的应用研究［D］. 呼和浩特：内蒙古师范大学，2011.

的反馈促进课程的优化，提升教师的教学质量，以及改善学生的学习效果。与课程品质、教学成效或学业成绩的关联性较弱，这是它与终结性评价的显著差异之一。形成性评价的特点表现为高频率的实施、每次评价涵盖的内容相对有限、测评的综合程度较低，且通常伴随着矫正措施等，这些特质与终结性评价的特性形成鲜明对比。

（3）终结性评价

终结性评价是在高职公共英语教学进程阶段性结束时实施的评价机制，目的是评价并确认教学成效。

该评价具备三大特征：首先，目标定位在于全面评价教学过程或关键阶段所取得的显著成就，并据此给予学生学业评分；其次，内容覆盖广泛，侧重于考查学生对学科整体内容的理解与掌握，故其频次较低但涵盖面广；最后，测评内容具有高度综合性质，试题往往融合了知识、技能及能力等多个维度。

简而言之，终结性评价是在完成特定课程或重要单元学习后进行的一种高概括性的评价，旨在判断学生是否已达到预设的教学目标要求。

（4）增值性评价

增值性评价是指通过测量学生一段时间内的学业成绩增加“净值”来评估教育效果的质量评价措施[①]。

在高职公共英语教学中，增值性评价注重依据学生的学习成果来评估公共英语教师的教学成效，它不仅着眼于学生的整个学习历程，有效规避了终结性评价存在的问题，而且将学生的学业进步“净值”纳入评价考量之中，对高职公共英语教育及教学效果的衡量更具针对性，评价方式也更为科学合理，从而为高职公共英语的教学改革带来了全新的视角。

（二）高职公共英语诊断性评价模式的构建

1. 诊断性评价的特征

诊断性评价也称教学前评价或前置评价，在高职公共英语教学中，主要指在一项公共英语教学活动启动之前，对学生的知识、技能及情感等进

① 马文霞. 增值性评价体系构建策略研究：以英语专业为例［J］. 菏泽学院学报，2023，45（6）：70-74.

行全面预测，其实质上是对评价对象的基础、现状、优势与不足的综合鉴定①。其关注点包括：学生先前公共英语学习的积累量与学习质量；学生的个性特征、学习偏好、潜能表现及对公共英语学科的态度；学生对学校教育的态度、学生的身体健康状态及家庭背景等信息。

进行诊断性评价的目的并非贴标签或进行成绩排名，而是为了识别学生在公共英语学习方面所面临的问题，便于公共英语教师深入了解学生对公共英语知识的实际掌握程度，从而适时调整教学策略，帮助学生弥补短板。通过此种评价手段，公共英语教师能清晰把握学生的知识基础和准备状态，以判断其是否适合当前的教学水平，从而为个性化教学策略的实施提供依据。

诊断性评价的最大特征在于，其能够使教师对教育对象了如指掌，对学生的已有知识、道德情感、性格特质等方面有深入理解。同时，评价结果能够为公共英语教师规划教学方案、调整进度、设计教学活动提供参考，为实施个性化教学打下坚实基础，进而提升公共英语的教学质量。此外，若向学生公布评价结果，亦有助于学生优化学习方法、明确学习目标，从而显著提高学习效率。

2. 诊断性评价的作用

在高职公共英语教学中，诊断性评价的作用主要体现为以下几个方面。

其一，评估学生的公共英语学习预备状态和初始水平，为后续公共英语教育活动奠定基础。这种评价活动通常在新学年、学期或新课程启动前进行。通过开展诊断性评价，教师能够全面了解学生对先前所学知识的掌握程度、学习习惯、认知方式等。此外，通过查阅学生的过往档案和个人成绩记录，教师还可以初步了解每名学生的基本情况。基于这些信息，教师能够准确判断学生的学习起点、独特属性和存在的不足，从而为高职公共英语教学活动的有效展开提供参考。

其二，识别学生的个体差异，合理安排学生的学习位置。即使在同一学习阶段内，学生之间仍然存在知识掌握程度、学习习惯、认知方式和能力倾向等方面的差异。鉴于学生的个体差异，高职院校和公共英语教师应

① 李永斌. 诊断性评价在初中英语教学中的应用［J］. 教育测量与评价（理论版），2010（7）：28-31.

当尽量根据这些差异对学生进行学习位置的安排和学习小组的划分，并在此基础上组织教学活动，以确保每名学生都能获得最大限度的发展。

其三，确定学生在学习过程中的具体难题，为高职公共英语教师教学提供改进的方向。在特定的教学过程中，教师可以通过诊断性测试或课堂提问等形式实施诊断性评价，以探究学生学习障碍的根本原因，然后根据诊断结果调整教学策略和方法，设计针对性的教学活动，甚至为个别学生提供专门的一对一辅导，以此来帮助学生克服自身的弱点。

3. 诊断性评价模式的构建策略

首先，在进行诊断性评价时，教师需遵循目标导向及规划原则。诊断环节应当聚焦于与当前课程主题紧密相连的既有知识，以便为后续课程内容的学习奠定基础。在设计诊断流程时，公共英语教师需事先规划提问顺序、提问方式及提问对象，确保评估过程条理清晰，胸有成竹。

其次，评价过程应展现足够的灵活性。在准备认知测试时，公共英语教师应深思如何检验学生对基础知识的理解程度，避免单一化的口头或书面提问方式，合理地平衡提问的广度与深度，确保提问既能覆盖全面知识点，又能深入挖掘学生对细节的理解。

最后，增强评价的趣味性。在设计课前提问时，公共英语教师可在不牺牲科学性的前提下，巧妙融入趣味元素，以激发学生的好奇心与探索欲望，满足其内在需求。如运用图像、视频等直观教学资源，来有效地提升诊断过程的吸引力。此外，教师进行诊断性评价时还需遵循启发性、明确性和具体性等基本原则。通常情况下，课前诊断评价的时间控制在5分钟以内，确保在完成诊断目标后，能够顺利过渡至新课题的学习。

（三）高职公共英语形成性评价模式的构建

1. 形成性评价的特征

形成性评价主要应用在学生学习过程中，目的是全面评价学生日常多维度表现，如知识掌握、技能发展、情感态度、学习习惯、合作精神及自主学习能力等。此评价方法通过多元信息采集与整合，深入洞察学生个体的能力、兴趣与需求，进而为学生学习与教师教学提供精准反馈，实现动态调整与优化；特别强调学生参与自我评价与同伴互评，促进其在反思中成长，推动其学业进步；致力于挖掘学生潜能，让其在学习旅程中收获成就感，激发内在学习动力与兴趣，从而增强自信心。具体来说其有以下几方面特征。

（1）学生中心的评价模式

在形成性评价中，高职公共英语教师的角色从单一的评判者转变为引导者，引导学生通过自我评价和同伴互评等方式，积极参与评价与学习，主导自己的成长。评价内容涵盖学生的认知层次、学习习惯、学习态度、兴趣和个性特质，全面体现以学生为中心、尊重个体的教育原则。

（2）过程导向的评价方法

高职公共英语形成性评价的核心特征在于关注学生的学习过程。它借助即时反馈，促使公共英语教师的教学和学生的学习动态调整优化。同时，完成任务的过程也成为学生提升学习能力、反思自我学习的关键环节。例如，让学生运用所学英语语言结构编写并表演短剧，让学生经历剧本创作、修订、角色分配和排练，这一系列过程不仅要求学生回顾和实践所学，还要求他们理解语言情境关系，以及学会协作，从而深化学习，增进团队合作，实现个人成长。

（3）全方位的评价体系

评价体系包括：评价主体、评价内容、评价标准。评价主体多元化，包括自我评价、同伴评价、教师评价和合作评价等，鼓励学生参与其中，赋予他们学习的自主权。评价内容应超越知识范畴，涵盖情感态度、团队精神和自主学习能力，从而实现对学生的全面评价。评价标准应兼顾统一要求和个体进步，打破以往仅凭试卷定优劣的传统模式。

（4）开放包容的评价方式

在高职公共英语教学中，形成性评价贯穿于教学和学习的全过程中，多方参与，允许学生对评价方式、内容和标准提出见解。在这种评价方式下，教师的角色从权威转变为引导者，强调师生互动，创建开放友善的环境，与传统封闭式、竞争性的考试形式形成鲜明对比，具有极高的灵活性和多样性。

（5）促进成长的评价理念

科学的形成性评价是学生自我改进的有力工具，能激发学习动力，推动学习进程。通过这样的评价，学生能了解自身学习状态，将评价结果转化为进步的动力，明确学习起点，设定合理目标，选择适合的学习策略，有效管理自己的学习过程，最终实现个人的持续发展。

2. 形成性评价的作用

首先，形成性评价对优化高职公共英语课程设计、提升高职公共英语教师教学水平及改善学生学习状态具有显著效果。它能暴露高职公共英语课程开发者、教师及学生个体在学习过程中的缺陷，并为学生提供必要的纠正和指导。其次，形成性评价有助于设定后续学习的节奏。通过评价学生对每个教学单元的理解，公共英语教师可洞察学生对后续课程的准备程度，进而精确设定下一阶段的学习任务和进度。再次，此类评价能够提升学生的学习效果。对于已成功或基本掌握单元学习目标的学生，形成性评价及时给予学生成就感，巩固学习成果并激发学习动力；对于未达标的学生，它能帮助他们及时识别问题，集中精力。评价过程中融入更多的激励和认可，将逐步建立学生的自信心，进一步强化其学习动力。最后，形成性评价为教师提供了宝贵的反馈。教师借此可发现自身在目标设定、教学策略、流程安排、工具运用等各环节的优点与不足，从而有针对性地改进教学，提升教学技巧。

3. 形成性评价模式的构建策略

首先，以科学性为引导。高职层次的英语教学评价不仅应涵盖基础英语知识，而且应包括语言技巧、情感态度、团队协作精神及自主学习能力。具体而言，评价需秉持客观公正的原则，避免主观臆断和情绪化的判断。要坚持全面性的视角，对教育现象实施多元指标的综合剖析和评价，避免评价的片面性。同时，应用统一的评价标准，有助于学生明确自身实际水平及在集体中的位置，进而找出差距，弥补不足。

其次，贯彻导向性原则。高职公共英语学习评价在指导教学活动中发挥着关键作用，它是实现高职公共英语教学目标，对教学活动进行宏观调控的基础环节和重要工具。评价的方向应由高职公共英语教学的核心目标确定，旨在促进教学目标的达成。公共英语教师应引导学生在提升语言知识和技能的同时，关注学习习惯、学习策略、文化意识和协作能力等对综合素养有深远影响的因素，以帮助学生了解自身学习进展，增强自信心，识别自身的不足，实现自我认知，进而推动其自主学习和自我发展。

再次，注重评价内容的多元化。评价内容多元化，应包括学生的知识、能力、态度和情感等方面；评价主体也需多元化，学生通过自我评价和同伴评价成为评价的重要参与者，教师则作为引导者参与评价过程。此外，评价工具应丰富多样，测验、考试、问卷调查、讨论、项目展示、课堂观察和档案袋等均可作为评价手段。评价途径也可灵活多样，作业、出勤率和课堂参与度等都可纳入评价范畴。

最后，评价工作的可行性是其有效实施的关键。设定的评价标准需明确且具体，程序和操作方法应简便易行。过于复杂的评价标准和程序可能导致理解和操作上的误差，影响评价效果。同时，评价方案需基于学生的实际需求进行设计，确保其符合学生的真实情况。若评价方案脱离学生实际，则可能引发学生对形成性评价的反感，进而削弱学生对学习的兴趣和信心。

（四）高职公共英语终结性评价模式的构建

1. 终结性评价的特征

终结性评价，又称为总结性评价或事后评价，通常在教学进程结束后实施，旨在评价教学活动的最终成效。如同形成性评价，终结性评价是依据教学阶段划分的教学评价类型，各自存在于教学周期的不同阶段。作为教学过程的关键要素，终结性评价全面衡量教学活动的成果及学生的学习成果，学期末或学年结束时进行的各科目考试与考核即属此类评价，其主要目的是验证学生是否已达到各科的教学目标要求。终结性评价侧重于结果，以此对被评价者进行全面评价并区分等级，同时对整体教学效果作出评价①。

在高职公共英语教学中，终结性评价具备三个核心特质：首先，它全面评价学生在高职公共英语课程或关键模块中达成的成果，以此评定英语的学科成绩或作为学生分班的参考依据；其次，其关注点在于学生对整个公共英语课程内容的全面理解和掌握，侧重于检验学生达到教学目标的程度，因此，终结性评价通常不会频繁进行，一般设定为每学期或每学年两次；最后，此类评价的综合程度较高，考核内容广泛，包含课程的多个方面。

① 杨晓娟. 基于建构主义学习理论的教学过程设计模式［D］. 济南：山东师范大学，2000.

2. 终结性评价的作用

在高职公共英语教学中，终结性评价主要通过考试或考查的形式，来全面评价学生的学业成就。相较于形成性评价，它更侧重于评价学生的综合语言运用能力，成为衡量其能力发展水平的关键工具。终结性评价是教学质量的试金石，不仅展现了公共英语教师教学的有效性，而且直观展示了学生的学习成效，确保教育过程的质量。同时，评价结果为后续教学提供了宝贵的指引，促使公共英语教师根据学生表现调整教学计划，优化教学方法，以满足不同学生的学习需求。通过终结性评价，学生能够直观了解自身学习状况，从而激发内在学习动机，追求更高学业成就，形成积极向上的学习习惯。

3. 终结性评价模式的构建策略

终结性评价应紧密围绕教学阶段目标精心设计评价内容与形式，涵盖口语、听力、阅读、写作及语言知识应用等多个维度，确保全面而深入地评价学生能力，同时，应保证评价过程的公平性与准确性，为学生提供一个展现自我、证明能力的平台。

终结性评价不仅能有效检验教学质量和学生学习成果，而且能为教学改进和个人成长提供重要参考，促进教育质量的整体提升。

（五）高职公共英语增值性评价模式的构建

1. 增值性评价的特征

高职公共英语教学的增值性评价，主要采用追踪评价方式，收集学生在某个时间段内前后两个时间点上的学习成绩，二者之差即为学生学习效果的“净值”，并将之作为评价教育教学效果的依据。具体来说，增值性评价具有以下几点特征。

第一，从教育理念的角度来看，增值性评价对教育目的与实践方法的关系进行了重新定义，这一观点与产出导向教学法的核心理念相契合，两者均以学生的学习成果作为教育活动的根本目标。不同之处在于，产出导向教学法侧重于最终成果的评估，而增值性评价则聚焦学生学习成果的增长幅度，通过比较不同时间点的学习成效，来衡量教育的增值程度。这种评价方式应用于学校教育成效监控或教师教学效果评估时，相较于其他评价方式，展现出更高的公正性和客观性。

第二，从学生发展的角度来看，增值性评价颠覆了传统终结性学业评价中基于既定教育目标的评价模式。它主张学生的学习成果应由学生自身而非外部设定，这进一步强化了学生的主体地位，并强调以促进学生全面发展为教育的根本目标，从而推动了以学生为中心的教学实践。

第三，增值性评价充分展示了教师在支持个性化教育与差异化教学方面的潜力。个性化教育与差异化教学原则虽广受推崇，但在实际操作中往往难以实现。增值性评价不仅为教育教学评价理论提供了新的维度，而且为实施个性化教育与差异化教学提供了具体的技术路径和实践经验。通过关注学生学习成果的增长幅度，增值性评价要求教师根据不同学生的基础和进步速度制订相应的教育策略，以满足每名学生独特的学习需求。

2. 增值性评价的作用

增值性评价显著超越了单一的终结性评价方式，同时整合并深化了形成性评价的理念，着重学生学习过程中的动态评价。与形成性评价的区别在于，增值性评价着重考量学生在教育过程前后所呈现的进步幅度，以个体接受教育前后的差异作为评价的核心依据。目前，在中国高等教育体系中，增值性评价仍处在摸索与实践的初期阶段。对于高职公共英语教学来说，增值性评价提供了一种革新传统教学模式、推动教学改革的有效路径。

3. 增值性评价体系的构建策略

（1）确定评价内容，明确学生学习成果内涵

在高职公共英语课程中，学生的学习成效呈现多样化的特性。基于一种常见的划分方式，著者将学习成效细分为三个维度：知识掌握、能力发展和个人素养。下面针对这三个维度，具体定义评价的方向。

知识掌握这一维度相对易于量化，主要包括语音、词汇、语法及跨文化知识等方面。教师可以根据教学计划和学生的实际学习情况，在特定的时间节点实施测试，以精确反映学生英语知识的增长，并清晰地描绘出每名学生知识水平提升的轨迹。

能力发展的评价比较复杂，不仅包含了狭义上的语言应用能力，如听、说、读、写和翻译等，还涉及更广泛的能力和思维方式，比如跨文化交际能力和创新思维等。相较于知识掌握的评价，能力发展的评价更具挑

战性，其评价结果往往与学生的实际能力存在一定的偏差。

最后，个人素养的涵盖面更为宽泛，且大多属于非认知性的范畴，例如政治觉悟、情感态度、心理健康、团队合作意识及学习策略等。这一维度具有极强的主观性和显著的个体差异，传统的考试形式难以对其进行有效的评价，因此，通常采取表现性评价的方式，通过观察学生行为来进行评估，其中，档案袋评价是一种常用的手段。

（2）精选评价方法，确定学习成果测量方法

评价方式的选择对于确保评价结果的有效性和可靠性至关重要，学术领域中已积累了大量关于评价技术和方法的研究成果。就增值性评价而言，当前广泛应用的主要是几种“多水平”统计分析模型，这些模型各具特色，也各有利弊，并不存在所谓最优模型，因为任何一种评价手段或模型都无法适用于所有情况。当前尚未开发出专门用于公共英语教育的独特模型或方法。因此，在选择评价方式时应考虑不同的评价需求灵活运用，必要时还应根据高等职业院校公共英语教学的实际特点与情境进行创新性的设计，避免盲目遵循传统模式或简单模仿他人的做法。

传统的学生评价通常由教育工作者或教师主导进行，而学生作为学习的核心参与者，却常常被定位为评价的对象，一直处于被动接受评价的状态。随着人本主义教育理念影响逐渐深入，学生的主体地位得到了显著提升，其个人感受及自我评价开始逐步融入评价体系。由于学生自我评价具有较强的主观色彩，并与传统评价方法存在较大差异，因此它常被教育领域认定为一种间接评价手段。但间接评价同样可以应用于对学生学习成效进步情况的评估，其中最常见的形式便是自我报告量。自我报告量表主要通过问卷的形式实施，通过收集学生的问卷回答来获得所需的数据。目前，自我报告量表已经发展出一套相对成熟的方法论，在美国高等教育评估领域，较具代表性的自我报告量表包括“CIRP新生调查”“CIRP大四学生调查”等。在国内，一些高等院校也进行了相应的实践尝试，例如清华大学就对美国的NSSE评估工具进行了汉化处理，开发出了中文版本的“NSSE-China”评估工具。除了标准化的问卷外，高职公共英语教师还可以通过组织座谈会或个别访谈等方式收集更为直观的信息，与问卷数据相互验证、互为补充。

（3）用好评价结果，形成教学持续改进机制

此机制是制订个性化培养方案、指导学生优化学习方法的重要基础。通过构建增值性评价体系，能够实现对教育质量的精准评估，这一结果对于监控学生英语学习成效及公共英语教师教学质量至关重要。从学生角度看，增值性评价能够量化学生特定时期内的学习进步，包括英语知识积累、语言运用技能提升及综合素质发展，这些要素共同构成了学生整体学习增值量。连续追踪学生在不同阶段、不同时间点的学习增值情况，从而形成一个全面、动态的学生学习全过程监控机制。

在教师层面，增值性评价同样发挥关键作用，它不仅用于衡量学生的学习成果，而且用于监测教师的教学效能，旨在促进教师教学技能的持续改善和教学实践的不断优化。增值评价的核心目标在于评估教育活动的实际效果，并基于评价结果推动教师教学水平的提升与教学过程的改进。

值得注意的是，在实际操作中，增值性评价并非孤立存在，而是与其他评价手段相辅相成。增值性评价注重学生在特定时间段内的学习增值，这实际上包含了形成性评价与终结性评价的核心内容。同时，它有效融合了诊断性评价，从而形成一个更加全面、灵活的评价体系。

四、创建学校、企业与行业三位一体的教师评价模式

为了全面优化高职公共英语师资力量，构建学校、企业与行业三位一体的评价体系势在必行。此体系旨在从多维度考量公共英语教师的专业素养与实践能力，以促进教学质量的提升和学生综合能力的发展。

学校评价，侧重检验学生运用英语解决实际问题的能力，这直接反映了教师的教学成效。行业评价，则聚焦教师是否获取了与专业相关的英语资格认证，鉴于不同专业的特殊需求，评价标准需灵活调整，以确保其针对性与实用性。企业评价，通过跟踪英语教师的企业实习经历，由企业人力资源部门对其实践表现进行客观评判，并形成书面报告，作为教师绩效考核的一部分反馈至学校。此举不仅增强了教师的职业体验，也强化了英语教学与职场需求的紧密联系，从而提升了教学的导向性和适应性。

综上所述，在以“职业能力”为导向的公共英语教学框架下，强化高

职英语教师队伍的素质建设至关重要。当前，加强教师实践背景与专业英语知识是师资队伍建设的核心任务。打造一支高水平的高职英语教师团队，不仅能显著提升教学质量，而且能推动教师的专业成长。深化高职英语教师队伍建设，不仅要致力于教师实践技能的全面提升和专业英语知识的深化，而且应积极推行教学、研究与实践相融合的教学活动，创新构建学校、企业与行业协同的教师评价机制，以实现师资队伍建设的质的飞跃。

结 语

职业能力的培养并非高职学生的速成课程，它如同长流细水，见效虽缓慢，却在无形中塑造个体，对学生未来的职场生涯乃至人生轨迹产生深远影响。在高技能人才的孕育过程中，高职公共英语教学扮演着关键的角色，它不仅能够提升学生的专业技能，而且能更深层次地滋养他们的职业道德和职业精神。无论是教学设计者还是实践者，都应深刻领悟到，高职公共英语教学蕴含的教育价值是无可替代的，其长远效益值得人们全力以赴去发掘和提升。

为响应社会对高素质技术型人才的需求，著者聚焦学生的职业生涯规划与发展，将高职学生的就业质量及终身学习能力作为衡量教育成效的关键指标，深入探讨了我国高等职业院校公共英语教学革新的现状，对其面临的挑战进行深入剖析，并针对这些挑战提出了创新性的应对策略。这些策略不仅充实了高职公共英语教学改革的学术研究，而且具备实际应用价值，有望为相关行业带来革新思维与正面推动。正如实践是验证理念正确性的终极途径，此方法应置于真实情境中加以实施，通过不断的实践反馈来优化和升级，以达到更佳的教学效果。

通过全面审视并优化高职公共英语教学内容、创新教学方法与策略及知识与技能教学、创新基于“岗课赛证”一体化的实践应用、强化师资培训体系及完善评价机制，著者深入探讨了高职院校公共英语教学改革的多维路径。明确指出，高职公共英语教学须树立以职业素养为核心的教学观，紧密贴合各专业特色，采用先进的现代教学法，致力于构建高水平的教师队伍，营造良好的教学氛围，实施综合英语能力评价体系。唯有如此，方能彰显高职公共英语的独特魅力，充分发挥其在学生职业素养培养中的关键作用，构建一套既科学又实用、兼具创新性和实践性的高职公共英语教学体系。

社会的飞速发展为高职公共英语的教学改革设置了更高的门槛，理论知识相较于实践应用显得更为抽象，故而高职公共英语教学改革的研究前景广阔，亟待深入探索。对于高职公共英语教学改革的研究，无论是在学术领域还是在实用层面，均承载着重要的社会意义。鉴于著者在实践操作上的经验不足，本书侧重于理论框架的构建，而在实际操作维度上存在一定的空白。因此，著者认为，改革需紧密贴合实践的多变性，立足现实挑战，勇于创新思维，恪守事实真相。鉴于个人认知的局限，如何使研究更加贴近实践需求，需进一步进行如下深度剖析。一是当前研究主要聚焦于课程设计层面，未来需深化高职公共英语教学改革的多元化探索，拓宽研究视野。二是鉴于现实情境下的复杂变数，高职公共英语教学改革的实际应用面临诸多不确定性，需采取个案分析策略，灵活运用定性和定量研究方法，依据具体情况调整策略。因资源影响，研究数据在实际应用中可能出现偏差，进而影响结论的精准度。为此，务必充分考量各种变量，以减少误差，确保研究的可靠性。三是受限于研究周期及外界环境因素，本书提出的部分策略尚没有机会在真实场景中验证，从而使得研究略显理论化，缺乏实证支撑。在后续研究中，著者将持续关注高职公共英语教学改革，致力于将这些理念付诸实践，期待通过实践检验，提炼出更为行之有效、优化的解决方案。

打造精细的高等职业类型化课程是一项持续且深远的工程，公共英语教学在其中扮演着不可或缺的角色。步入职业教育新时代，高职院校的教育工作者应敏锐捕捉机遇，反思并重塑公共英语在新的教育环境中的核心地位，并确定其未来发展趋势。同时积极寻求创新路径，优化教学策略，以确保公共英语教学在提升学生职业技能培养方面发挥其至关重要的作用。

在编写的过程中，著者虽力求全面，但仍可能存在局限性，改革之路漫长且充满挑战，唯有持之以恒地探索与实践，方能使改革臻于完善。著者坚信，在专家学者、一线教师及广大学生的共同努力下，高职公共英语教学必将在技术技能人才培养中彰显其独特价值。

参考文献

一、著作

［1］ 何东昌. 中华人民共和国重要教育文献：1949—1997［M］. 北京：高等教育出版社，1993.

［2］ 中国教育年鉴编辑部. 中国教育年鉴：1949—1981［M］. 北京：中国大百科全书出版社，1984.

［3］ 徐小贞. 高职英语教学理论与方法［M］. 北京：高等教育出版社，2004.

［4］ WILLIS J A. Framework for Task-based Learning［M］. London：Longman，1996.

二、论文

［1］ 严雪怡. 教育分类、能力本位与广义的职业能力培养：纪念孟广平同志逝世两周年［J］. 职业技术教育，2007，28(7)：11-13.

［2］ 韩紫薇. 基于职业能力培养的高职公共英语教学改革研究［D］. 海口：海南师范大学，2022.

［3］ 胡琼. 职业能力培养视角下高职英语教学改革［J］. 河北职业教育，2019，3(1)：85-88.

［4］ 陈子季. 优化类型定位加快构建现代职业教育体系［J］. 中国职业技术教育，2021(12)：5-11.

［5］ 高葵芬. 新时代高职院校教育科学研究转型发展思考：基于类型教育特征的分析［J］. 中国职业技术教育，2020(27)：67-73.

［6］ 黄斌. 职业教育作为类型教育的内涵、特征及其培育［J］. 中国职业技术教育，2020(1)：67-72.

［7］ 郭晓华. 英语应用能力测试对高职院校外语教学的反拨作用探析［J］.

吉林广播电视大学学报,2011(6):128-129.

[8] 雷正光."就业导向"的职教课程发展观[J].中国职业技术教育,2006(13):9-11.

[9] 缪秋芹.以就业为导向的高职公共英语教学改革探究:以江苏城市职业学院昆山办学点为例[D].苏州:苏州大学,2011.

[10] 杜晓月.基于"产出导向法"的初中生英语写作能力提升的行动研究[D].长春:长春师范大学,2020.

[11] 孟凡菊.基于产出导向法的"跨文化交际"课程思政融入教学实践[J].广州城市职业学院学报,2023,17(1):36-40.

[12] 韩其顺,陆慈,董亚芬.执行大学英语教学大纲的回顾与思考[J].教学与教材研究,1994(6):9-13.

[13] 陈建琦.大学英语教育政策演变及路径分析[J].西安文理学院学报(社会科学版),2014,17(6):87-90.

[14] 姚春燕.以就业为导向的高职英语教学创新策略[J].长春教育学院学报,2013,29(19):134-136.

[15] 董兰梅.基于职业能力培养的高职公共英语教学策略探讨[J].成才之路,2024(5):69-72.

[16] 胡文莉.基于职业英语能力培养的高职公共英语教学体系重构:以郑州铁路职业技术学院为例[J].郑州铁路职业技术学院学报,2021,33(4):53-57.

[17] 霍焱.以就业为导向的高职公共英语教学改革研究:以C市T校为例[D].锦州:渤海大学,2020.

[18] 姜大源.工作过程系统化课程的结构逻辑[J].教育与职业,2017(13):5-12.

[19] 杨柳月.多模态教学模式应用于高职英语教学的研究[J].海外英语,2022(8):234-235.

[20] 宋枫.基于MOOC的高职英语O2O教学模式研究[D].漳州:闽南师范大学,2015.

[21] 毛帆陵.MOOC视阈下高职英语OTO教学模式研究[J].湖北函授大学学报,2016,29(8):133-134.

[22] 王芳芳.任务型教学法在对外汉语初级口语教学中的应用研究[D].

沈阳:沈阳师范大学,2014.
[23] 张庆. 任务型教学法在高职院校语言教学中的运用[D]. 哈尔滨:黑龙江大学,2016.
[24] 冯小钉. 对Ellis第二语言习得理论框架的探讨[J]. 山西师大学报(社会科学版),1998(4):80-82.
[25] 韦婧. 任务型教学在普通高校英语教学实践中的利与弊[J]. 考试周刊,2010(36):117-118.
[26] 周美霞. 浅谈任务型教学在我国基础英语教学中的定位[J]. 武汉市教育科学研究院学报,2006(5):23-25.
[27] 魏永红. 外语任务型教学研究[D]. 上海:华东师范大学,2003.
[28] 贺莉. 俄语学习策略的实证研究:基于吉林省6所高校俄语学习者学习策略运用状况的分析[D]. 长春:东北师范大学,2011.
[29] 黄雅帆. 情境教学法在中职《酒店英语》课程教学中的应用研究:以X中职学校为例[D]. 桂林:广西师范大学,2023.
[30] 彭志敏. 情境教学法在旅游管理专业教学中的应用研究[D]. 长沙:湖南师范大学,2013.
[31] 祝辉. 情境教学研究[D]. 上海:上海师范大学,2005.
[32] 张淑艳. 初中地理课堂中情境教学的研究与实践[D]. 上海:华东师范大学,2006.
[33] 管晓青. 初中生物课堂如何利用微课创设有效教学情境[J]. 新课程教学(电子版),2020(3):125-126.
[34] 张立薇. 创设情境,让自信与美绽放:情境教学法在"形体矫正训练"中的运用[J]. 天津教育,2016(6):48-49.
[35] 崔金赋. 论情境教学的审美化[J]. 昆明师专学报,1994(3):84-90.
[36] 高娜. 情境教学法在高中英语阅读教学中的应用研究[D]. 锦州:渤海大学,2018.
[37] 贾菲. 情境教学法在高职英语教学中的应用探索[J]. 文化创新比较研究,2020,4(16):79-81.
[38] 徐朔. 项目教学法的内涵、教育追求和教学特征[J]. 职业技术教育,2008,29(28):5-7.
[39] 陈茜. 项目教学法在高职院校ESP教学中的应用研究:以九江职业大

学航空服务专业为例[D]. 南昌:江西科技师范大学,2016.
[40] 付烨. 项目教学法在高职高专英语教学改革中的应用思考[J]. 中国多媒体与网络教学学报(中旬刊),2023(3):37-40.
[41] 邢华欣. 合作学习在高职公共英语教学中的应用研究[D]. 秦皇岛:河北科技师范学院,2015.
[42] 乌日娜. 合作学习在高职英语阅读教学中的行动研究[D]. 延吉:延边大学,2020.
[43] 刘桃梅. 高职院校大学英语合作学习课堂教学策略研究[J]. 教育与职业,2014(6):146-148.
[44] 陈秀南. 高职英语自主学习教学模式构建研究:以重庆电子工程职业学院为研究个案[D]. 重庆:西南大学,2009.
[45] 遇晓雪. 高职公共英语自主学习教学模式构建研究[D]. 哈尔滨:哈尔滨师范大学,2017.
[46] 周晶. 高职英语教学中不同教学方法的运用研究:以武昌职业学院为例[D]. 武汉:华中师范大学,2014.
[47] 高清. 实施"启发式"教学激活高职英语课堂[J]. 职业教育研究,2007(4):96-97.
[48] 陈昊慧. 浅谈启发式教学在高职高专英语课程的应用[J]. 铜仁学院学报,2011,13(4):112-114.
[49] 黄慧华. 运用交际教学法推动泰国高中汉语教学[D]. 天津:天津师范大学,2016.
[50] 谭美云. BEC口语测试对商务英语口语教学的反拨作用[J]. 长沙铁道学院学报(社会科学版),2009,10(1):242-243.
[51] 项伙珍. 交际教学法在高职英语课堂教学中的应用[J]. 长江工程职业技术学院学报,2017,34(2):67-69.
[52] 缪素琴. 多维度英语词汇教学[J]. 教学与管理,2013(1):68-70.
[53] 熊昌英. 对比分析理论在高职英语词汇教学中的应用研究[D]. 武汉:华中师范大学,2008.
[54] 杨柳娜. 高职英语词汇教学策略实证研究:以平凉职业技术学院为例[J]. 海外英语,2023(6):226-228.
[55] 谭菲菲. 高职英语语法教学难点及解决策略研究[J]. 现代职业教育,

2023(34):137-140.

[56] 周继慧.高职院校公共英语听力教学策略研究:以杨凌职业技术学院为例[D].咸阳:西北农林科技大学,2017.

[57] 李白璐.交际教学法在高职英语口语教学中的应用研究:以江西省某高职院校为例[D].南昌:江西农业大学,2016.

[58] 魏勤.任务型教学法在中专护理专业英语口语教学中的运用[D].上海:华东师范大学,2003.

[59] 邹德娟.高职英语阅读教学中存在的问题及对策分析[J].辽宁师专学报(社会科学版),2023(6):35-37.

[60] 吴静.高职学生英语写作能力存在的问题与对策研究[J].产业与科技论坛,2022,21(10):196-197.

[61] 丁艳.教师反馈与同伴反馈对大学英语写作的影响探究[J].南昌教育学院学报,2012,27(11):175-176.

[62] 刘世力.高职英语写作教学的问题及对策[J].岳阳职业技术学院学报,2016,31(3):76-78.

[63] 李凌宇.高职英语翻译教学模式优化策略分析尝试[J].英语广场,2023(24):90-93.

[64] 吕炯.跨文化传播视角下的大学英语教学模式探析[D].合肥:中国科学技术大学,2013.

[65] 汪火焰.基于跨文化交际的大学英语教学模式研究[D].武汉:华中科技大学,2012.

[66] 徐朔.论关键能力和行动导向教学:概念发展、理论基础与教学原则[J].职业技术教育,2006,27(28):11-14.

[67] 秦琛.基于就业岗位群的高职英语教学探讨[J].海外英语,2020(20):245-246.

[68] 黄立群.基于EGP与ESP深度融合的高职英语教学改革与创新实践调查研究:以陕西国防工业职业技术学院为例[J].陕西教育(高教),2022(9):78-79.

[69] 张莉飞.高职英语“岗课赛证”融通机理及模式研究[J].河北能源职业技术学院学报,2023,23(3):80-83.

[70] 王亚珍.以职业素质培养为导向的高职公共英语教学改革[D].咸

阳:西北农林科技大学,2014.

[71] 钮华. 基于职业能力导向的高职英语课程教学研究[J]. 新课程研究,2024(9):28-30.

[72] 张蕾. 高职院校公共课程“双师素质”教师队伍建设:以英语课程为例[J]. 湖北开放职业学院学报,2022,35(20):172-174.

[73] 叶林. 职业教育导向下的高职英语教师队伍素质建设研究[J]. 延边教育学院学报,2017,31(5):47-49.

[74] 祝洁. 形成性评价在高职院校公共英语教学中的应用研究[D]. 呼和浩特:内蒙古师范大学,2011.

[75] 马文霞. 增值性评价体系构建策略研究:以英语专业为例[J]. 菏泽学院学报,2023,45(6):70-74.

[76] 李永斌. 诊断性评价在初中英语教学中的应用[J]. 教育测量与评价(理论版),2010(7):28-31.

[77] 杨晓娟. 基于建构主义学习理论的教学过程设计模式[D]. 济南:山东师范大学,2000.